Uwe Schneider

Wege ins Nichts

Cart-Ruts – Rätselhafte Wagenspuren der Vorzeit

V. F. SAMMLER

Uwe Schneider

Wege ins Nichts

Cart-Ruts – Rätselhafte Wagenspuren der Vorzeit

V. F. SAMMLER

Umschlaggestaltung: DSR – Werbeagentur Rypka, 8143 Dobl, www.rypka.at
Titelbild: Uwe Schneider
Bildnachweis: Alle Abbildungen, so nicht anders angegeben, stammen dankenswerterweise vom Autor.

Bibliographische Information der Deutschen Nationalbibliothek
Die Deutsche Nationalbibliothek verzeichnet diese Publikation in der Deutschen Nationalbibliographie; detaillierte bibliographische Daten sind im Internet über http://dnb.d-nb.de abrufbar.

Hinweis:
Dieses Buch wurde auf chlorfrei gebleichtem Papier gedruckt. Die zum Schutz vor Verschmutzung verwendete Einschweißfolie ist aus Polyethylen chlor- und schwefelfrei hergestellt. Diese umweltfreundliche Folie verhält sich grundwasserneutral, ist voll recyclingfähig und verbrennt in Müllverbrennungsanlagen völlig ungiftig.

Auf Wunsch senden wir Ihnen gerne *kostenlos* unser Verlagsverzeichnis zu:
Leopold Stocker Verlag GmbH
Hofgasse 5 / Postfach 438
A-8011 Graz
Tel.: +43 (0)316/82 16 36
Fax: +43 (0)316/83 56 12
E-Mail: stocker-verlag@stocker-verlag.com
www.stocker-verlag.com

ISBN 978-3-85365-318-0

Layout: DSR – Werbeagentur Rypka, 8143 Dobl, www.rypka.at

Inhalt

Bild 1.1 *Die Pyramiden bei Gizeh. Von den einstmals sieben Weltwundern sind die ägyptischen Pyramiden das einzige noch existierende Wunderwerk der antiken Baukunst. Und noch immer gibt es mehr Fragen zum Bau und Zweck der Monumente als befriedigende Antworten.*

Kapitel 1

Einleitung

„Das Schönste, was wir entdecken können, ist das Geheimnisvolle.“

Albert Einstein

Vermutlich gibt es auf diesem Planeten kaum einen Menschen, der, selbst wenn er sich wenig oder gar nicht für Archäologie interessiert, die Pyramiden in Ägypten nicht kennt.

Dass es aber auch in Amerika und China viele Pyramiden gibt, ist vielleicht schon nicht mehr so bekannt. Oder gar, dass pyramidenähnliche Strukturen zum Beispiel auch auf den Azoren, den Kanaren und auf Sardinien zu finden sind. ***(Bild 1.2)***

Auch auf Sardinien gibt es ca. 5 km südöstlich von Porto Torres, unweit der Nekropolen von Su Crucifissu Manu, dieses kleine, an eine Stufenpyramide erinnernde Bauwerk, den Monte d'Accoddi. ***(Bild 1.3)***

Und wer weiß etwas von den Fundstätten einer rätselhaften und überwältigenden frühgeschichtlichen Bautechnik, die selbst Bauingenieure ratlos werden lässt?

Als einige wenige Beispiele seien wieder Ägypten, aber auch Baalbek im Libanon, Puma Punku und Sacsayhuamán in Südamerika sowie Göbekli Tepe in der östlichen Türkei genannt. ***(Bild 1.4) (Bild 1.5)***

Härtestes Gestein wurde derart präzise bearbeitet, wie es heutzutage nur mit Hilfe von modernster Technik möglich ist. Bemerkenswert und beinahe unglaublich ist die Tatsache, dass oft keine einheitlichen und gleich großen Steine verwendet wurden, jeder Stein ist ein Unikat und wurde den benachbarten Steinen angepasst.

***Bild 1.2** Wir haben es wohl Thor Heyerdahl, der seine letzten Lebensjahre auf Teneriffa verbracht hatte, zu verdanken, dass diese pyramidenähnlichen Strukturen als solche erkannt und restauriert wurden. Auf dem Gelände der Pyramiden auf der Südseite der Insel bei Güímar lädt ein sehr interessantes Informationszentrum zu einem Besuch ein. Neben vielen Informationen zu den Expeditionen und Projekten Thor Heyerdahls geht es auch um das Phänomen der frühgeschichtlichen weltweiten monumentalen Baukunst, das ihm auf seinen vielen Reisen immer wieder begegnet ist und hier mit vielen Fotos erläutert wird.*

***Bild 1.3** Der an eine Stufenpyramide erinnernde Monte d'Accoddi auf Sardinien*

Dazu kamen oft noch gewaltige Transportwege, deren Bewältigung ebenfalls ungeklärt ist.

Und von einem anderen archäologischen Rätsel, um das es in diesem Buch gehen wird, wissen nur die allerwenigsten Menschen, und das, obwohl dieses Mysterium mindestens genauso spannend ist wie die bereits genannten Bauwerke.

Es geht hier um das Rätsel der Cart-Ruts, der Spuren von Fahrzeugen, die zu unseren Füßen im Gestein auf vielen Kontinenten zu finden sind.

Um korrekter zu sein: Es wird im Allgemeinen angenommen, dass es sich um Fahrzeugspuren handelt.

Keine tonnenschweren Steinblöcke wurden bearbeitet und bewegt, keine unterirdischen Gewölbe angelegt, nein, ganz leise, aber nicht weniger beeindruckend, zeigen sie sich dem interessierten Besucher. ***(Bild 1.6) (Bild 1.7)***

Diese Spuren faszinierten mich sofort und meine Neugier nach mehr Informationen war geweckt. So wählte ich in den vergangenen Jahren meine Reiseziele nach Regionen mit den Spuren aus und begann, über sie Informationen zu sammeln.

Und bald wurde deutlich, dass es sich hierbei um so etwas wie „weiße Flecken" auf der Karte der Archäologie handelt.

Gesicherte und befriedigende Erkenntnisse über ihre Entstehung und ihren Sinn gibt es erstaunlicherweise nicht wirklich.

In den vergangenen Jahren habe ich den Eindruck gewonnen, als würde diese Thematik etwas stiefmütterlich behandelt und wenig erforscht, wenn sie nicht ganz und gar verdrängt wird.

Meine Bemühungen, die offenen Fragen der oft skurrilen Spuren mit professionellen Archäologen oder anderen Forschungseinrichtungen zu erörtern, liefen leider alle ins Leere.

***Bild 1.4** Perfekte Steinbearbeitung in Cusco/Peru (© André und Yvonne Büschel)*

***Bild 1.5** Perfekte Steinbearbeitung in Sacsayhuamán, oberhalb von Cusco. Wie so oft geht es um gewaltige Steinblöcke, der größte Stein dieser Zyklopenmauern wiegt über 200 Tonnen! Wie sollen solche gewaltigen Leistungen gänzlich ohne fortgeschrittene Werkzeuge geschaffen worden seien? (© André und Yvonne Büschel)*

Bild 1.6 *Spuren auf dem Plateau vom Castellar de Meca in Spanien.*

(1) ***Bild 1.7*** *Felsengeleise, so eine andere Bezeichnung der Spuren, auf dem Areal von Su Crucifissu Manu auf Sardinien. Ein Wirrwarr an ineinander verwobenen Spuren – ein Sinn ist auf den ersten Blick nicht erkennbar. Vielleicht würde eine exakte Kartierung des Areals Licht in das Dunkel bringen, allerdings wäre eine mit großem Aufwand verbundene Freilegung des Geländes notwendig. Solche großen Areale, die durchaus an Rangierbahnhöfe erinnern, sind auch in anderen Ländern zu finden, so z. B. auf Malta, Sizilien und, an Größe nach dem jetzigen Wissensstand nicht mehr zu überbieten, in Anatolien.*

(2) ***Bild 1.8*** *Die Rote Pyramide bei Dahschur*

(3) ***Bild 1.9*** *Das Kraggewölbe in der Roten Pyramide*

(4) ***Bild 1.10*** *Wie konnte man vor vielen Tausenden von Jahren mit angeblich primitiven Werkzeugen derart präzise härtesten Granit bearbeiten?*

(5) ***Bild 1.11*** *Perfekt gearbeitet!*

1

2

3

4

5

Dieses Schweigen ist mir ein Rätsel und bringt uns nicht weiter, denn wenn wir an einer möglichst realistischen Beschreibung der Vergangenheit interessiert sind, dürfen wir kein Mosaiksteinchen ignorieren, da sonst das Gesamtbild nicht stimmen kann.

Die Fakten verschwinden nicht einfach, wenn wir sie nicht beachten. Sie sind präsent und können von jedem interessierten Reisenden begutachtet werden.

Leider werden schon einige andere wichtige archäologische Mosaiksteinchen ignoriert und nicht beachtet und so kommt es dazu, dass das Bild der Vergangenheit Risse zeigt und unvollständig ist.

Ich erinnere an die deutlich über 1.000 Tonnen schweren bearbeiteten und bewegten Monolithen in Baalbek im Libanon. Wie wurde das bewerkstelligt?

Und schauen wir uns die perfekte Steinbearbeitung härtester Gesteine in Ägypten, Peru und Bolivien an, deren Präzision erst mit heutigen Messgeräten erkennbar ist. ***(Bild 1.8–1.11)***

Oder sehen Sie sich die absolut perfekte Symmetrie ägyptischer Statuen an, wie z. B. die von Ramses in Luxor. Ingenieure, die sich mit modernen Methoden der Steinbearbeitung auskennen, erklären, dass so eine Perfektion nicht von Hand erreicht werden kann. Schon gar nicht mit primitiven Kupfer- oder Steinwerkzeugen, denn Eisen war vermutlich damals noch nicht bekannt. ***(Bild 1.12)***

Und betrachten wie die Sphinx in Gizeh, so fällt sofort auf, dass der Kopf im Vergleich zum Körper, der Jahrtausende vom Sand bedeckt war, viel zu klein und deutlich weniger erodiert ist. Wieso werden die Forschungsergebnisse des Geologen Dr. Robert Schoch aus dem Jahre 1990 nicht beachtet, der der Sphinx aufgrund von Wassererosion ein deutlich höheres Alter zugesteht?

Es besteht durchaus die Möglichkeit, dass die aus dem Fels gearbeitete Statue 10.000 Jahre alt oder sogar noch älter sein kann. ***(Bild 1.13–1.17)***

Als Göbekli Tepe in den 1990er-Jahren mit einem Alter von ca. 12.000 Jahren in Ostanatolien entdeckt wurde, war dies schon ein ordentlicher Paukenschlag in der Archäologie und sorgte für großes Staunen.

Ein ähnlicher „Störfaktor" für die konservative Archäologie sind meiner Meinung nach auch diese merkwürdigen, wie versteinert erscheinenden Fahrzeugspuren. Oft wird ihre Entstehung den Römern in die Schuhe geschoben bzw. auf den Wagen geladen, da aber die Spuren weltweit vorkommen, kann diese These nicht stimmen.

Bild 1.12 *Statue von Ramses II, Luxor-Tempel. Maschinenbauexperte Christopher Dunn stellte fest, dass diese Statue eine Symmetrie aufweist, die im Millimeterbereich liegt, und somit eine Herstellung durch Handarbeit nicht zu erklären ist.*

Bild 1.13 *Die hintere Seite der Grube, in der sich die Sphinx befindet. Deutlich sind die Rinnen im Gestein zu sehen, die laut der Untersuchungen von Dr. Robert Schoch und anderen Geologen auf Wassererosion zurückzuführen sind.*

Bild 1.14 *Die Sphinx mit der Cheopspyramide im Hintergrund*

Bild 1.15 *Es empfiehlt sich durchaus, auf dem weitläufigen Pyramidenplateau einmal die ausgetretenen Touristenwege zu verlassen, um Interessantes zu entdecken.*

(1) ***Bild 1.16*** *Ich denke, dass auch diese Rinnen Zeichen längst vergangener Wassererosion sind, denn wir müssen bedenken, dass das Gizehplateau erst in jüngster Vergangenheit zu Forschungszwecken vom Sande befreit worden ist. Was die Sphinx betrifft, so wurde sie erst 1816 von G. B. Caviglia freigelegt. Aber bereits 1853 war vor lauter Sand nur noch der Kopf zu sehen und diesmal wurde sie von A. Mariette freigelegt. 1888 musste sie erneut freigeschaufelt werden und bereits 1916 steckte sie wieder im Sand. Also werden vom Wind alle 20–30 Jahre jegliche Vertiefungen mit Sand zugeweht. Die letzten ergiebigen Niederschläge fallen in eine Zeit, in der die Region der jetzigen Sahara noch grün war, also vor vielleicht 8.000 Jahren!* (2) ***Bild 1.17*** *Archäologen gehen davon aus, dass auf dem Gizehplateau noch viel Unbekanntes vom Sand bedeckt ist und erst circa 20–30 % des gesamten Areals erforscht sind.* (3) ***Bild 1.18*** *Eine kurze, aber sehr schöne Spur oberhalb von Xemxija auf Malta*

Natürlich wurden überall auf dem Planeten Lasten bewegt und diese Tätigkeiten haben sicherlich Spuren hinterlassen, jedoch weisen die Cart-Ruts Eigenschaften auf, die einen gewöhnlichen Verkehr meiner Meinung nach ausschließen.

In diesem Buch wird es auch darum gehen, diese Unstimmigkeiten näher zu beleuchten.

Nach dem momentanen Stand der Dinge finden sich solche Spuren auf der Osterinsel, in Brasilien, Mexiko, in den USA, auf den Azoren, in Portugal, Frankreich, Spanien nebst Mallorca und Menorca, in Tunesien und Libyen, in Italien inklusive Sardinien und Sizilien, im Libanon, aber auch in Deutschland, Luxemburg, Österreich, der Schweiz, in Kroatien und auf Zypern. Gewaltige Vorkommen wurden in Westanatolien und in Kappadokien entdeckt, aber auch auf der Krim, in Aserbaidschan, in Indien, China und Japan finden sich diese Spuren.

Lediglich von zwei Kontinenten sind mir solche Spuren nicht bekannt, und zwar von Australien und von der Antarktis.

Und natürlich haben wir noch die Spuren von Malta und der Nachbarinsel Gozo, die vermutlich die bekanntesten ihrer Art sind und das Mysterium erst bekannt gemacht haben.

Jedenfalls hat mich mein erster Besuch auf Malta im Jahr 2014 so sehr fasziniert, dass ich seitdem auf der Spur der Spuren bin. ***(Bild 1.18) (Bild 1.19)***

Um sich dem Thema zu nähern und Erkundigungen über Areale einzuholen, ist natürlich in unserer Zeit das weltweite Netz eine unverzichtbare Hilfe und ich wage mir nicht vorzustellen, wie weit man im noch nicht digitalen Zeitalter gekommen wäre.

In den Jahren nach diesem ersten Besuch war ich dank meiner Recherchen sehr erstaunt über die Tatsache, dass die Cart-Ruts gar nicht so selten vorkommen. Trotzdem sind sie in der Öffentlichkeit so gut wie unbekannt.

Lassen Sie uns nun auf eine Reise zu einigen Arealen mit diesen Spuren gehen und ich möchte Sie bitten, ein Augenmerk auf die Erosion zu haben, die der Zahn der Zeit an den Cart-Ruts hinterlassen hat. Denn es gibt die provozierende These, dass die Spuren so unglaublich alt sind, dass die Geschichte auf diesem Planeten gänzlich neu geschrieben werden müsste.

Es ist sehr zu empfehlen, sich diese Spuren selbst einmal anzuschauen. Die Bilder und Beschreibungen in diesem Buch sind eine wunderbare Möglichkeit, dieses Rätsel vorzustellen und bekannt zu machen, aber ich denke, man sollte die Cart-Ruts vor Ort sehen, um die besondere Magie, die von ihnen ausgeht, zu erleben und zu spüren.

Bevor wir aber auf die Reise zu einigen Arealen mit Cart-Ruts gehen, möchte ich darauf hinweisen, dass die Bilder teilweise aus verschiedenen Reisen ausgewählt worden sind. So kann es durchaus zu Widersprüchen bezüglich der Jahreszeiten und der Licht- bzw. Wetterverhältnisse kommen. Auch konnte ich nicht ahnen, dass mir 2020 vom Verlag V. F. SAMMLER die Möglichkeit geboten wurde, zum Thema ein Buch zu erarbeiten. Das bedeutet, dass ich nicht immer ausreichend die die Spuren umgebenden Landschaften fotografiert habe, denn diese habe ich, da ich parallel auch gefilmt habe, fotografisch oft vernachlässigt. So kann ich nur hoffen, dass trotzdem genügend Bildmaterial vorhanden ist, um auch die oft vorhandene Magie der Landschaften zu vermitteln.

Folgen Sie mir nun bitte auf meinen Exkursionen und ich kann nur hoffen, dass Sie genauso staunen wie ich das erste Mal im Jahr 2014.

Bild 1.19 *Clapham Junction, ein sehr berühmtes Areal auf Malta, das nach einem Londoner Rangierbahnhof benannt wurde*

Bild 2.1 Sehr große Spuren auf dem Areal von Clapham Junction

Kapitel 2

Bekanntschaft mit dem Unglaublichen: ein erster Besuch auf Malta

„Ich glaube, der glücklichste Moment im Leben eines Menschen ist eine Abreise in unbekannte Länder.“

Sir Richard Francis Burton

Es war vermutlich Anfang der 1970er-Jahre, als ich als Science Fiction begeisterter Jüngling im Kino den Film „Erinnerungen an die Zukunft" sah.

Die Erwartung, einen Science-Fiction-Film präsentiert zu bekommen, zerschlug sich sehr schnell, aber diese für uns vollkommen neuen Gedanken und Bilder erschienen bald viel spannender als jegliche Fantastik.

Besteht doch so die Möglichkeit, dass wir uns real inmitten einer noch erstaunlicherweise auf vielen Gebieten unerforschten und rätselhaften Welt befinden.

Dieser Gedanke machte das Dasein auf diesem Planeten noch viel spannender und abenteuerlicher für mich, meiner Fantasie waren keine Grenzen mehr gesetzt.

Wir können uns drehen und wenden, wie wir wollen, wir können an ETs und frühere Besuche auf diesem Planeten glauben oder nicht – der Autor, der diese Ideen weltweit bekannt gemacht hat, ein gewisser Erich von Däniken, sorgte auf alle Fälle für Schlagzeilen und zwangsläufig auch für frischen Wind in der Archäologie. Seine These, dass irgendwann in der Vorzeit außerirdische Besucher auf unserem Planeten landeten und diverse Spuren hinterließen, ist sicherlich jedem bekannt.

Weniger bekannt ist vielleicht, dass Erich von Däniken nicht der erste war, der diesen Gedanken entwickelt hat. Bereits zehn Jahre vorher besuchten Jiri Hanzelka und Miroslav Zikmund auf ihrer zweiten großen Weltreise Baalbek im Libanon und berichteten über die wohl größten Bausteine der Menschheit, die bearbeitet und bewegt wurden (der größte dieser Bauklötze wiegt ca. 1.650 Tonnen und wurde erst 2014 entdeckt).

Bild 2.2 *Der erste und leider auch letzte Band ihrer zweiten Weltreise. Ein Publikationsverbot aufgrund politischer Borniertheit in der ehemaligen Tschechoslowakei ließ die Manuskripte über ihre Reise durch Asien und der Sowjetunion im Schreibtisch verschwinden. (Quelle: Miroslav Zikmund, Jiri Hanzelka „Balkan und Kleinasien", Berlin 1962)*

Bild 2.3 *und* **Bild 2.4** *Bereits Mitte der 1960er-Jahre beschäftigte man sich auch im Osten Deutschlands mit der Idee von möglichem Leben im All. (Quelle: Fliegerzeitschrift Aerosport 1965)*

So berichteten sie über einen Zeitungsartikel eines namentlich von ihnen nicht genannten Autors, der die These vertrat, diese Riesensteine wären das Ergebnis der Arbeit von außerirdischen Besuchern.

Dieser Artikel sorgte damals für etwas Trubel, heutzutage würden die meisten Leser wahrscheinlich nur noch gähnen ... ***(Bild 2.2)***

Ich erlaube mir an dieser Stelle eine kurze Anmerkung zu den Reisen von Jiri Hanzelka und Miroslav Zikmund, die leider viel zu wenig bekannt sind: Kurz nach dem Ende des Zweiten Weltkrieges, von 1947 bis 1950, unternahmen beide, gesponsert von den TATRA-Werken in der ehemaligen Tschechoslowakei, eine mehrjährige und sehr gut dokumentierte Reise durch Afrika, Süd- und Mittelamerika und von 1959 bis 1964 eine zweite Reise in Richtung Asien, die aufgrund politischer Probleme leider nicht mehr vollständig publiziert werden konnte.

Auf alle Fälle sind die vorhandenen Bücher, die problemlos in Antiquariaten zu finden sind, bemerkenswerte Beschreibungen und Zeugnisse der Reise und insbesondere auch der politischen Zustände in Afrika und Süd- und Mittelamerika.

Diese grundlegenden Informationen über das Erbe des Kolonialismus sind gerade heute wichtig, um viele Probleme auf diesem Planeten, insbesondere in der so genannten „Dritten Welt", zu verstehen.

Zurück zum Thema: Auch in den 1960er-Jahren brachte in der DDR die Fliegerzeitschrift Aerosport zwei Ausgaben mit der ET-Theorie als großen Aufmacher heraus. ***(Bild 2.3) (Bild 2.4)***

Ich kann nicht von mir behaupten, dass ich der These von Erich von Däniken uneingeschränkt zustimme, aber ich rechne es ihm hoch an, dass er deutlich mit dem Finger auf offensichtliche Widersprüche und offene Fragen zeigt!

Denn wie bereits beschrieben, gibt es bis heute zu viele Ungereimtheiten und offene Fragen zur Vergangenheit, die leider von der konservativen Wissenschaft immer noch ignoriert werden.

Ich hätte damals nach entsprechender Lektüre nie gedacht, dass ich einmal selbst diese Erfahrung machen muss, dass studierte Archäologen um bestimmte Themen einen Bogen machen und ihre Sinne davor verschließen, obwohl doch eigentlich die Neugier siegen müsste!

So wusste ich jedenfalls aus den Büchern und Filmen von Erich von Däniken, dass es auf Malta ein spannendes Rätsel gibt, das nicht wirklich zu erklären ist.

Die Zeit verging, vielfältige andere Interessen und dies und jenes nahmen meine Zeit in Anspruch, von der mangelnden Reisefreiheit in Richtung Westen bis 1990 einmal abgesehen, und so dauerte es bis 2014, um endlich die Spuren auf den Inseln selbst in Augenschein nehmen zu können.

Und dieses Phänomen war und ist schwer beeindruckend!

Nach mittlerweile drei Reisen auf die Inselgruppe ist meine Erfahrung die, dass vor allem die Hauptinsel Malta mit diesen Spuren geradezu übersät ist. Ich möchte fast sagen, überall dort, wo der Kalkstein, aus dem die Inseln bestehen, offen liegt, finden sich Cart-Ruts, mal mehr, mal weniger, mal sehr gut erhalten, mal kaum noch zu identifizieren. Und es werden, zum Beispiel bei Bauarbeiten, immer noch neue Spuren entdeckt.

Wie wird es wohl auf den Inseln vor der jetzigen extremen Bebauung ausgesehen haben?

Immerhin hat Malta die dritthöchste Bevölkerungsdichte Europas!

Sicherlich wäre es interessant, alte Luftbilder der Inseln zu studieren, die bestimmt vorhanden sind.

Diese erste Reise fand im Frühjahr 2014 statt und zeigte mir beeindruckende Landschaften und Kulturdenkmäler, umrahmt von Blütenpracht, Wärme und blauem Himmel. ***(Bild 2.5) (Bild 2.6)***

Bild 2.5 *Auch in den Cart-Ruts ist der Frühling angekommen.*

Bild 2.6 *Frühling auf Malta, schon alleine das ist eine Reise wert! Gerade dem kühlen Grau im Norden entronnen, tut es so gut, das Licht, die Farben und die Wärme zu genießen.*

1

2

3

4

Es war einfach schön! Die Cart-Ruts spielten noch nicht einmal die Hauptrolle, es ging quasi erst einmal um das „Gesamtkunstwerk Malta".

Die maltesischen Inseln weisen übrigens eine hohe Zahl an Tempeln und ähnlichen Bauwerken auf, und das bei der geringen Größe der Inseln. Circa 50 Bauwerke sind auf der Gesamtfläche von 316 Quadratkilometern bekannt, von denen die frühesten Tempel deutlich älter als die ägyptischen Pyramiden und Stonehenge sind. Es hieß einmal, dass dies die ersten freistehenden steinernen Monumente der Menschheit wären. Allerdings waren wohl zur Zeit dieser Aussage die Monolithen von Göbekli Tepe in Ostanatolien noch nicht bekannt, die ja vor ihrer unverständlichen Bedeckung mit Erdreich auch freistehend gewesen sind und ein Alter von ca. 12.000 Jahren aufweisen.

Auf alle Fälle, diese Quantität und Qualität an archäologischen Stätten machen die maltesischen Inseln auf diesem Planeten so einzigartig. Und als wäre das noch nicht genug, existiert noch das Rätsel der Cart-Ruts! ***(Bild 2.7) (Bild 2.8) (Bild 2.9) (Bild 2.10)*** Die erste Spur erblickte ich direkt neben dem Eingangsgebäude zur Höhle Għar Dalam bei Birżebbuġa. ***(Bild 2.11)***

Bei der ersten Spur handelt es sich um eine kurze und gut erhaltene Spur neben dem Eingangsgebäude zur *Höhle Għar Dalam bei Birżebbuġa,* die bei Arbeiten auf dem Gelände entdeckt wurde.

Diese und einige weitere stark erodierte Fragmente in der Nähe von Birżebbuġa waren nicht sonderlich spektakulär, ich nahm sie zur Kenntnis und machte mir noch keine großen Gedanken.

In der erwähnten Höhle Għar Dalam, die circa 145 Meter lang ist, fanden sich neben zahlreichen Knochenresten verschiedener Tierarten auch einige wenige menschliche Überreste. ***(Bild 2.12)***

Es wird davon ausgegangen, dass Malta bis zum Ende der letzten Kaltzeit vor circa 12.000 Jahren mit Sizilien durch Landbrücken verbunden war, denn vor dem Abschmelzen der Eismassen lag der Meeresspiegel um 120 bis 130 Meter tiefer als heute! So konnten die heutigen Inseln von Tieren und unseren Vorfahren besiedelt werden.

(1) ***Bild 2.7*** *Zum Schutz vor Wind und Wetter sind einige Tempel überdacht. Hier der Tempel Ħaġar Qim*
(2) ***Bild 2.8*** *Tempel Ħaġar Qim*
(3) ***Bild 2.9*** *Mnajdra Tempel*
(4) ***Bild 2.10*** *Detailansicht des Tarxien Tempels.*

Bild 2.11 *Cart-Ruts neben dem Museum zur Höhle Għar Dalam.*

Bild 2.12 *Die Höhle Għar Dalam*

Zur gleichen Zeit konnte man übrigens in Nordeuropa trockenen Fußes das heutige England erreichen.

Die nächsten Spuren bekam ich auf der Nachbarinsel Gozo zu sehen, auf dem Plateau von Ta' Ċenċ mit seinen spektakulären, ca. 120 m hohen, senkrecht ins Meer abfallenden Klippen. Hier gibt es mehrere Areale mit kürzeren und schon sehr verwitterten Cart-Ruts und auch an Weichen erinnernde Spuren. Jetzt wurde es allmählich immer spannender, denn die Fragen nach der Entstehung und dem Sinn der Spuren blieben unbeantwortet.

Ebenfalls fanden sich auch andere Abdrücke im Fels, die sich nicht erklären ließen. ***(Bild 2.13–2.17)***

Das letzte und beeindruckendste Areal, das ich bei meinem ersten Besuch auf den Inseln besuchte, Misraħ Għar il-Kbir, trägt auch den Namen eines Güterbahnhofes in London: Clapham Junction. ***(Bild 2.19)***

Hier versagte der gesunde Menschenverstand nun endgültig; ein Wirrwar an unterschiedlichen Spuren, die sich oft überschneiden und auch zu Weichen zusammenfinden. Das waren keine zarten Cart-Ruts mehr wie bei Għar Dalam oder Ta' Ċenċ, sondern breite und tiefe Spuren. ***(Bild 2.18) (Bild 2.20)***

Das Gehirn arbeitete auf Hochtouren, eine halbwegs schlüssige Erklärung kam aber nicht in Sicht. Allmählich wurde auffällig, dass keinerlei Spuren von Zugtieren zu finden waren, nicht einmal ansatzweise.

Denn eine in der Archäologie weitverbreitete These ist die, dass die Spuren durch von Ochsen gezogene Wagen entstanden sind. Aber Spuren von Zugtieren sind definitiv nicht zu sehen, ebenso ergibt das Chaos von den vielen Cart-Ruts auch verkehrstechnisch keinen Sinn.

Eigentlich sieht es so aus, als wären viele Offroad-Enthusiasten mit ihren geländegängigen Fahrzeugen planlos durch das Gelände gefahren, wäre da nicht der harte Kalkstein ...

Die maltesischen Inseln bestehen überwiegend aus verschiedenen Kalksteinschichten,

Bild 2.13 *Die spektakuläre Steilküste von Ta' Ċenċ*

Bild 2.16 *Eine gut erhaltene Spur*

Bild 2.14 *(oben) und* ***Bild 2.15*** *(unten) Stark verwitterte Cart-Ruts auf dem Plateau von Ta' Ċenċ*

Bild 2.17 *Weitere Spuren im Fels*

unterbrochen von Lagen aus Grünsand, einer Variante des Sandsteines und blauem Ton. Entstanden sind diese Schichten vor ca. 25 bis 5 Millionen Jahren auf dem Meeresgrund und in flacheren Gewässern. Durch tektonische Bewegungen und Verschiebungen der Kontinente wurden diese Kalksteinmassive im Laufe der Zeit aus dem Meer emporgehoben, natürlich nicht gleichmäßig, sondern es kam auch zu Verwerfungen und Brüchen.

Die Oberflächen der Inseln bestehen zum großen Teil aus der massiven und festen korallogenen grauen Kalksteinoberschicht und des gelblichen und nicht mehr so harten Globigerinenkalksteins. ***(Bild 2.23) (Bild 2.24)***

Bild 2.18 *Über Hunderte von Metern finden sich chaotische Spurenverläufe.*

Bild 2.19 *Der interessierte Besucher sollte sich nicht auf Hinweisschilder verlassen; sie sind sehr selten. Besser ist es, schon gut informiert auf Malta anzukommen.*

Bild 2.20 *Eine von vielen gewaltigen Spurrinnen*

Bild 2.21 *und* ***Bild 2.22*** *Farbenprächtiger Globigerinenkalkstein bei Xlendi auf Gozo*

Bild 2.23 *Eine typische korallogene feste Kalksteinoberschicht, hier bei Qala auf Gozo, ca. 70 m über dem Meeresspiegel*

Letzterer bestimmt in weiten Teilen der Inseln das Aussehen vieler Gebäude, da sich diese relativ weiche Kalksteinart gut abbauen lässt. ***(Bild 2.21) (Bild 2.22) (Bild 2.25) (Bild 2.26)***

Aus diesem Grunde sind die Landschaften auf Malta und Gozo von unzähligen Steinbrüchen geprägt, die bei jeder Fahrt und auf jeder Wanderung zu sehen sind.

Und natürlich finden wir auf den Inseln die typischen Zeichen der Verkarstung, da der Kalkstein von mit Kohlendioxid angereichertem Regenwasser allmählich aufgelöst wird.

Ein typisches Beispiel dafür ist die so entstandene Höhle Għar Dalam, aber auch an den Steilküsten finden sich durch die intensive Arbeit des Meeres unzählige Grotten. Die berühmteste ist vielleicht die Blue Grotto an der Südwestküste der Hauptinsel Malta. ***(Bild 2.27)***

Sehr interessant finde ich auch die Tatsache, dass das Mittelmeer im Verlaufe der Erdgeschichte durch tektonische Bewegungen, die die Meerenge von Gibraltar hin und wieder verschließen, mehr oder weniger verdunstet und zu einer gewaltigen salzigen Senke zwischen Nordafrika und Europa wurde. Dieser Vorgang wird als Messinische Salinitätskrise bezeichnet.

Vor ungefähr 5 Millionen Jahre fand diese das letzte Mal statt und sicherlich boten solche Vorgänge auch die Gelegenheit, dass sich Tiere und vermutlich auch Frühmenschen auf Wanderschaft begeben haben. Zu dieser Zeit wird Malta nicht nur mit Sizilien verbunden gewesen sein, sondern wahrscheinlich auch mit Nordafrika.

In einer ARTE-Dokumentation aus dem Jahre 2014 wurde die These vertreten, dass die vielen spektakulären Klippen durch ein Absinken oder Abbrechen eines riesigen Stück Landes entstanden wären. Und das nicht vor Millionen von Jahren, sondern schon zu historischer Zeit, als die Inseln bereits besiedelt waren und die ersten Tempel schon standen. Angeblich wäre die Insel vor der Katastrophe die größte im Mittelmeer gewesen.

1

2

3

(1) ***Bild 2.24*** *Fossilien im Globigerinenkalkstein*
(2) ***Bild 2.25*** *Ein typisches Haus aus Globigerinenkalk*
(3) ***Bild 2.26*** *Für schöne Türen hat man auf Malta viel übrig.*

Dieses Szenario klingt für mich allerdings ziemlich unwahrscheinlich, denn dann hätte es vermutlich im gesamten Mittelmeerraum gewaltige Tsunamis geben müssen und solche Spuren wären sicherlich bekannt.

Den gleichen Gedanken verfolgte übrigens eine studierte Geographin, Christiane Dittmann, die leider viel zu früh verstorben ist. In ihrem Buch „Geheimnis Malta – Das Rätsel der versunkenen Zeit" aus dem Jahr 2001 beschreibt sie neben vielen anderen Dingen tatsächliche interessante geologische Details an Maltas Küsten.

Für alle, die sich für die maltesischen Inseln interessieren, ist dies ein sehr gut geschriebenes und zu empfehlendes Buch.

Wie auch immer, diese sehr interessanten Gedanken sind eher ein Fall für erfahrene Geologen und Geomorphologen. Mir ist es nur möglich, auf interessante Details, offene Fragen und Widersprüche hinzuweisen.

Aber selbst wenn das Interesse für archäologische und geologische Belange nicht sehr groß ist, sind die Inseln auf alle Fälle eine Reise wert. Die Landschaften, insbesondere die an der Küste, sind sehenswert und es gibt, wie bereits beschrieben, eine Menge an kulturellen und historischen Sehenswürdigkeiten zu sehen. Natürlich ist z. B. auch die Hauptstadt Valletta einen Besuch wert.

Erwähnenswert wäre noch, dass man für wenig Geld eine ganze Woche mit dem Bus unterwegs sein kann.

Der Nachteil ist allerdings der, dass bei weiteren Strecken mit einigem Umsteigen und entsprechender Zeit zu rechnen ist. Das kann dann schon einmal nerven ...

Wie auch immer, dieser erste Besuch auf Malta war sehr schön und sehr interessant! Für die kommenden Ferienzeiten nahm ich mir vor, die Reiseziele so zu wählen, dass ich auf der Spur der Spuren sein könnte.

***Bild 2.27** Die Steilküste bei der Blauen Grotte auf Malta*

Bild 2.28 *Das berühmte Azure Window auf Gozo. Hier hatte die Erosion gute Arbeit geleistet und im Jahr 2017 legte sie noch einen Zahn zu, sodass dieses Tor bei einem Sturm im Meer versank.*

Bild 3.1 *Der Burgberg von Afyonkarahisar. Dieser imposante Trachytfelsen wurde bereits von den Hethitern besiedelt.*

Kapitel 3

Auf nach Westanatolien!

„Wenn jemand eine Reise tut, so kann er was erzählen."
Matthias Claudius

Ein an der Thematik interessierter Russe schrieb mir einmal: „God save Google Earth!" Ja, es ist unglaublich, welche Möglichkeiten wir heute haben, um bestimmte Ziele zu verfolgen!

Während meiner Armeezeit in einer photogrammetrischen Spezialeinheit, die sich mit dem Bearbeiten und Auswerten von Luftbildern beschäftigte, musste aus Geheimhaltungsgründen jeder Quadratzentimeter Fotopapier akurat abgerechnet werden, heute können wir die Welt in teilweise hervorragender Auflösung im Wohnzimmer betrachten. Fantastisch!

Ich denke, auf die Möglichkeiten, die das Netz bietet, möchte heute niemand mehr verzichten.

Die skurrilen Spuren von Malta beschäftigten mich also nach wie vor und ich begann, nach weiteren Informationen zu suchen. So stieß ich auf Hinweise über sehr große Areale mit Cart-Ruts in Westanatolien, die in der westlichen Welt so gut wie unbekannt waren.

Die Quelle war die Webseite eines Moskauer Geologen, Alexander Koltypin, der sich mit steinernen Hinterlassenschaften früherer Kulturen oder gar längst vergangener Zivilisationen beschäftigt. Mehr zu ihm im nächsten Kapitel.

Im Herbst 2015 war es dann soweit: Mit zwei Reisegefährten ging es nach Phrygien in Westanatolien, ca. 250 km Luftlinie nördlich von Antalya. ***(Bild 3.2)***

Von diesem sicherlich bekannten und durchaus sehenswerten Urlaubsparadies aus durchquerten wir das imposante Taurusgebirge, nach einer

***Bild 3.2** Der in einer kleinen Bucht gelegene Hafen von Antalya*

***Bild 3.3** Übernachtung oberhalb des Eğirdir Gölü*

***Bild 3.4** Der Eğirdir Gölü in 920 m Höhe*

***Bild 3.5** (links) und **3.6** (rechts) Tuffsteinlandschaften nördlich von Gazlıgöl*

Übernachtung an der ebenfalls sehr schönen und zum Baden einladenden anatolischen Seenplatte und nach einem Besuch von Afyonkarahisar schlugen wir unsere Zelte in der romantischen Tuffsteinlandschaft von Phrygien auf. ***(Bild 3.3–3.6)***

Der letzte Abschnitt der Fahrt führte durch das Göynüş vadisi, das Göynüş Tal, in dem im Tuff zahlreiche steinerne Zeugnisse der phrygischen Kultur zu finden sind. ***(Bild 3.7) (Bild 3.8)***

Der Tuffstein, der diese halbwüstenähnlichen Landschaften bestimmt, wurde im Tertiär durch vulkanische Aktivitäten abgelagert. Anschließend begann die Erosion und so erinnert Phrygien durchaus an Kappadokien, erscheint aber nicht ganz so spektakulär, da dieses Gebiet hier nicht so sehr zerklüftet ist.

Die Region befindet sich auf der anatolischen Hochebene und die Gegend, in der wir unterwegs waren, liegt in einer Höhe von ca. 1.100 bis ca. 1.200 m.

Für alle, die diese Region besuchen und wildes Campieren vermeiden möchten, sei erwähnt, dass es in Gazlıgöl mit seinen zahlreichen Thermalquellen viele Hotels gibt, die zum bequemen Übernachten einladen.

Am nächsten Tag war das Wetter hervorragend und dank der Satellitenbilder machte es keine Mühe, die entsprechenden Areale mit den Spuren zu finden.

Und das, was wir zu sehen bekamen, war einfach unglaublich! Als hätte eine Armee mit geländegängigen Fahrzeugen die hiesigen Tuffsteinlandschaften durchpflügt! ***(Bild 3.9)***

Mal mehr, mal weniger erodiert, viele längere Abschnitte mit Spuren, oft unterbrochen durch von Erosion geschaffenen Lücken und hin und wieder nur kurze Spurfragmente. ***(Bild 3.10) (Bild 3.11)***

Clapham Junction auf Malta ist schon eine verrückte Sache, aber diese Areale hier in Phrygien sind vermutlich nicht mehr zu überbieten. So dachte ich jedenfalls bis 2019. Aber bleiben wir erst einmal bei dieser Reise.

Dieses erste besuchte Areal befindet sich in der Nähe von Kayıhan, ca. 9 km nördlich von Gazlıgöl.

Unweit des Ortes finden sich die Cart-Ruts in einer halbwüstenähnlichen Landschaft aus Tuff, auf Google Earth (die Option *Historische Bilder* ist zu empfehlen) sind sie mühelos zu finden und zu sehen ***(Bild 3.12–3.14)***

Bild 3.7 *Der am Nordhang eines Felsplateaus liegende Arslantaş, der Löwenstein*

Bild 3.8 *Nicht weit vom Arslantaş befinden sich Trümmerreste des Yılantaş, des Schlangensteins.*

Bild 3.9 *Eines von vielen Arealen mit Cart-Ruts bei Kayıhan*

Bild 3.10 *Immer wieder sind die Spuren und die Landschaft durch fortgeschrittene Erosion gestaltet.*

(1) ***Bild 3.11*** *Ein weiteres Beipiel für die Arbeit von Regen, Hitze, Frost und Wind*
(2) ***Bild 3.12*** *In dieser an eine Halbwüste erinnernden Landschaft finden sich unzählige Spuren.*
(3) ***Bild 3.13*** *Ein Bild, das sich unmittelbar neben der Landstraße von Gazlıgöl nach Eskişehir bietet. Mittlerweile ist die Straße ausgebaut worden und es dürfte nicht mehr so leicht sein, dort einen Parkplatz zu finden. Besser wird es sein, von Kayıhan aus die Erkundungen zu unternehmen.*
(4) ***Bild 3.14*** *Interessierten Besuchern sind Satellitenbilder zu empfehlen, um die großen Areale mit den Spuren zu finden.*

Bild 3.15 *Nicht einmal ansatzweise sind Trampelspuren von Zugtieren zu sehen.*

Bild 3.16 *Die Spurbreite beträgt wie so oft circa 1,4 m.*

Bild 3.17 *Die Konstruktion der mutmaßlichen Fahrzeuge gibt bei diesen Spuren große Rätsel auf, da die jeweilige Spurbasis entgegen dem Gelände nahezu waagerecht ist.*

Bild 3.18 *Auch hier folgt die Spurbasis nicht immer dem Verlauf des Geländes.*

Was dieses Mal sofort auffiel, war, dass es wie auf Malta keinerlei Zeichen von Zugtieren mittig der Spuren gab, und das in einem Gestein, das nicht so hart wie der kompakte und feste Kalkstein von Malta ist. ***(Bild 3.15) (Bild 3.16)***

Bemerkenswert und nicht wirklich erklärbar auch die Tatsache, dass es deutliche Unterschiede in der Höhe zwischen linker und rechter Spur gibt, bei ungefährer waagerechter Ausrichtung der jeweiligen Spurbasis. Sehr merkwürdig! Was waren das für Fahrzeuge gewesen? ***(Bild 3.17)***

Aber es fanden sich auch Fragmente von Spuren, die an der Basis rundlich erschienen. ***(Bild 3.19)***

Und erstmalig sah ich einzelne Kanäle, die fahrzeugtechnisch nicht wirklich erklärbar sind. Solche kanalartigen Strukturen begegneten mir einige Jahre später wieder, aber in einer ganz anderen Region, nämlich in Spanien (siehe Kapitel 12, Bild 12.11, 12.12, S. 138, und 12.37, S. 146). ***(Bild 3.20)***

Hier nun an dieser Stelle eine, so denke ich, wichtige Anmerkung: Betrachten wir diese Spuren im Gestein, so drängt sich aufgund unserer Erfahrungen der Verdacht auf, dass es sich um Fahrzeugspuren handelt. Aber ein definitiver Beweis ist dies noch nicht, selbst wenn die Wahrscheinlichkeit dafür sehr hoch ist. So werde ich weiterhin die Cart-Ruts als von Fahrzeugen entstandene Spuren betrachten.

Bild 3.19 *Für gewöhnlich ist die Spurbasis hier in Phrygien eben, aber hier an dieser stark erodierten Spur erscheint sie rundlich.*

Bild 3.20 *Rätselhaft sind auch solche einzelnen Kanäle, die ebenso in Spanien zu finden sind. Auffällig ist auch hier die waagerechte Basis.*

Bild 3.21 *Die Fassade des Midas zu Beginn des Rundweges*

Bild 3.22 *Am Fuße der Felsen geht es allmählich in Richtung des Aufweges zum Plateau.*

Beim Erkunden dieses Areals wurden wir unverhofft von zwei Einheimischen zum Tee eingeladen und anschließend durch die nähere Umgebung geführt, in der zahlreiche steinerne Überbleibsel der historischen phrygischen Kultur zu finden waren. Was für eine Gastfreundschaft!

Im Gespräch wurde uns dann vermittelt, dass die Cart-Ruts durch von Ochsen gezogene Karren mit Material aus Steinbrüchen entstanden wären. Ich vermute hier einmal, dass dies wahrscheinlich so in der Schule gelehrt wird und von den Menschen dort nicht angezweifelt wird.

Der nächste Tag begann mit Gewitter und Regen und so änderten wir das Reiseprogramm und fuhren nach Midasstadt oder Midas Kale, direkt neben dem Dorf Yazılıkaya. ***(Bild 3.21)***

Hier, auf einem ca. 600 m langen und bis zu ca. 200 m breiten Tuffsteinplateau in 1.380 m Höhe finden sich im Stein viele Zeugnisse einer vergangenen Kultur, die dem phrygischen König Midas zugeschrieben werden. Selbst Alexander der Große soll diese bedeutende Anlage mit eigenen Augen gesehen haben. ***(Bild 3.22)***

Auch zu prähistorischer Zeit soll diese Region bereits besiedelt gewesen sein. Natürlich dürfen wir nicht vergessen, dass im Laufe der Jahrtausende solche markanten und strategisch wichtigen Orte viele verschiedene Kulturen beherbergt haben, ständige bauliche Ergänzungen und Änderungen eingeschlossen.

Auf dem Aufweg zum Plateau sind neben merkwürdigen Felsbearbeitungen, wen wundert es, einige Meter Cart-Ruts zu finden. Trampelspuren von Zugtieren sind wieder nicht zu sehen. ***(Bild 3.23) (Bild 3.24)***

Leider waren wir in einem Gewitter unterwegs und die Ausbeute an Fotos fiel etwas bescheiden und womöglich nicht sonderlich aussagekräftig aus. ***(Bild 3.25) (Bild 3.26)***

Am Ende unserer sehr interessanten Wanderung lud uns ein Mann – es stellte sich heraus, dass es der Bürgermeister von Yazılıkaya war – in sein Auto ein und fuhr uns zu unserem Mietwagen auf dem etwas entfernten Besucherparkplatz. Immer wieder ist mir in der Türkei diese herzliche Gastfreundschaft begegnet.

Für die Leser, die an einer Reise in diese Region interessiert sind, möchte ich die wunderbar hergerichtete Herberge Midas Han im Nachbarort Çukurca empfehlen. Außerhalb der Saison war man nicht auf Besuch eingerichtet, aber einen wohltuenden Tee gab es dennoch für uns. ***(Bild 3.28)***

Zum Abend hin beruhigte sich das Wetter und wir fuhren zurück in die Region nordöstlich von Gazlıgöl, um uns am nächsten Tag wieder auf Spurensuche zu begeben.

Am dritten Tag in Phrygien erwanderten wir einige Areale in der Nähe von Üçlerkayası und Döğer. ***(Bild 3.29)***

Auch hier sind wie bei Kayıhan sehr viele, teilweise chaotisch verlaufende Spuren zu finden. ***(Bild 3.27) (Bild 3.30–3.32)***

Erstmalig war zu beobachten, dass sich dort, wo die Spuren tiefer im Tuff verlaufen, an den Seitenwänden Kratz- und Schleifspuren befinden, so als wäre der Aufbau der Fahrzeuge oder die Ladung deutlich breiter gewesen als der Radstand der Fahrzeuge. ***(Bild 3.33)***

Anfangs nahm ich noch an, dass die Cart-Ruts hier in der Region vielleicht im noch weichen Tuff entstanden sind und sich später verfestigten, aber diese Kratzspuren widerlegen vermutlich diesen Gedanken. Von der Tatsache mal abgesehen, dass die Ablagerungen viele Millionen Jahre alt sind.

Bild 3.23 *Horizontale Bearbeitungsspuren im Fels*

Bild 3.24 *Auf dem Weg nach oben finden sich wieder Cart-Ruts, wie immer ohne Spuren irgendwelcher Zugtiere.*

Bild 3.25 *Im westlichen Bereich von Midasstadt befinden sich einige künstlich angelegte unterirdische Räume.*

*(1) **Bild 3.26** Über den Zweck der Räume kann nur spekuliert werden, dem Besucher werden sie als Zisternen präsentiert, (2) **Bild 3.27** Zwischen Üçlerkayası und Döğer finden sich viele Areale mit Spuren. Aus Zeitgründen haben wir nur die Areale in der Nähe dieses kleinen Tafelberges erkundet. (3) **Bild 3.28** Die Herberge Midas Han in Çukurca (4) **Bild 3.29** Die für Phrygien so typische Halbwüste. Leider hielt das Wetter nicht, was es zu Beginn des Tages versprochen hatte. (5) **Bild 3.30** Wieder finden sich viele Spuren auf engstem Raum. (6) **Bild 3.31** Die Spuren erwecken den Eindruck, als wären sie durch einmaliges Befahren entstanden. Wie immer sind keinerlei Spuren der in weiter Vergangenheit eigentlich notwendigen Zugtiere zu sehen. Im Winter geschobene Schlitten sind sehr wahrscheinlich auch nicht die Verursacher dieser geschmeidigen Spuren. Sie wirken wie mit dem Messer durch weiche Butter gezogen oder wie mit dem Löffel an einer Eiskugel geschabt. (7) **Bild 3.32** Das gleiche beeindruckende Areal, vom Tafelberg aus gesehen (8) **Bild 3.33** Das Durchfahren von meterhohen Ablagerungen war offensichtlich für die Fahrzeuge kein Problem. Vermutlich ist diese ganze Thematik auch für Fahrzeugexperten sehr interessant. (9) **Bild 3.34** Weitere Areale in Richtung Üçlerkayası, vom Tafelberg aus gesehen*

***Bild 3.35** Das Felsmonument von Arslankaya in der Nähe von Döğer ist wieder ein beeindruckendes Zeugnis phrygischer Kunst in dieser Region.*

Doch zum möglichen Alter der Spuren mehr im Kapitel 10, siehe S. 116 ff.

Eventuelle Spuren von Zugtieren waren wieder nicht zu finden, dafür sahen wir hin und wieder Kratzer zwischen beiden Radspuren, so als hinge etwas vom Fahrzeug herab (siehe auch Bild 10.11, S. 121).

Wie auch bei Kayıhan gibt es hier um Üçlerkayası und Döğer deutlich mehr Areale mit Cart-Ruts, als wir besuchen konnten. ***(Bild 3.34)***

Vermutlich würde man Monate, wenn nicht gar Jahre brauchen, um hier alle Spuren zu katalogisieren. Hinzu kommt noch, dass viele Spuren in Ablagerungen verschwinden, was Ausgrabungen erfordern würde.

An dieser Stelle hatten wir unsere Liste mit den Cart-Ruts-Arealen abgearbeitet und machten uns auf den Weg in Richtung Gazlıgöl, um einmal den Luxus eines Hotels mit Thermalbad genießen zu können.

Es tat gut, als Beifahrer zu entspannen und die interessante und für uns fremdartig schöne Landschaft zu genießen, als mir plötzlich rechts des Weges etwas auffiel ... Stop! ***(Bild 3.36)***

Und das, was wir hier zu sehen bekamen, ist bis heute an Unerklärlichkeit und Verrücktheit nicht mehr überboten worden!

Drei Spuren nebeneinander, die Linke und die Rechte metertief im Tuff, dazwischen wie auf einem Hügel die mittlere Spur, und von dieser eine abzweigende Spur, die sich im Nichts verliert. War bis jetzt schon alles Gesehene skurril und

***Bild 3.36** Merkwürdiges am Straßenrand*

***Bild 3.37** Dieses skurrile Areal besteht aus drei parallelen Spuren, von denen die beiden äußeren Spuren wie auch immer in den Tuff eingearbeitet worden sind.*

***Bild 3.38** Hier die drei Spuren, von der gegenüberliegenden Seite aus gesehen. Die rechte Spur erscheint relativ unspektakulär.*

(1) ***Bild 3.39*** *Diese Spuren haben es in sich! Sind schon die „üblichen" Cart-Ruts unerklärlich, so scheinen diese hier alles bisher Gesehene in den Schatten zu stellen und der gesunde Menschenverstand versagt nun endgültig.*

(2) ***Bild 3.40*** *Die gleiche Spur, von der anderen Seite aus gesehen*

nicht wirklich befriedigend erklärbar, so ist das hier eine Steigerung davon! Nur, was ist eine Steigerung von skurril und verrückt? ***(Bild 3.37–3.41)***

Weiter ging es durch die schöne Landschaft, als wir in der Ferne einladende imposante Tuffsteinfelsen sahen. Wir stellten das Auto ab und wanderten in diese Richtung und nach ein paar Metern querten wir wieder viele Cart-Ruts! ***(Bild 3.42)***

Wirklich überrascht waren wir mittlerweile nicht mehr, aber natürlich war es immer noch höchst interessant und spannend.

Hier, in der Nähe von Bayramaliler, fanden sich wieder einige Cart-Ruts mit Schleifspuren links und rechts der Spur. Was ging hier vor? Und wann waren diese Spuren entstanden? ***(Bild 3.43) (Bild 3.44)***

Nach diesem kleinen Abstecher ging es nun in eine noble Thermalherberge von Gazlıgöl. Und es tat gut, den Staub der letzten Tage abspülen zu können.

Heute, am vierten Tag unserer Exkursion, musste es wieder in Richtung Antalya gehen.

(3) ***Bild 3.41*** *Die obere Spur teilt sich und der Abzweig führt ins Leere. Was ging hier vor?*

(4) ***Bild 3.42*** *Eine sehr interessante und an Kappadokien erinnernde Landschaft*

(5) ***Bild 3.43*** *Eine von vielen Spuren in dieser schönen Tuffsteinlandschaft*

(6) ***Bild 3.44*** *Für einen kurzen Moment tauchte die Sonne diese Spur in ein zauberhaftes und mystisches Licht.*

4

3

5

6

Bild 3.45 *Eigentlich eine praktische Methode, um Wohnraum und andere Räume zu schaffen. Der Tuff ist relativ weich und lässt sich gut bearbeiten.*

Bild 3.46 *Dass es auch hier Spuren gibt, war keine wirkliche Überraschung mehr.*

Aber die Zeit ließ es zu, in dieser geschichtsträchtigen Region noch einen Abstecher nach Ayazini, dem historischen byzantinischen Metropolis, zu machen.

In den oft senkrecht abfallenden Tuffsteinfelsen finden sich zahlreiche Kirchen, Kapellen und Wohnhöhlen. Und auf der rechten Seite eines abzweigenden Tales fanden sich wieder unverhofft kurze Fragmente von stark verwitterten Cart-Ruts. ***(Bild 3.45) (Bild 3.46)***

Auf der Heimreise übernachteten wir wieder im Taurus-Gebirge und kamen am nächsten Tag nach einem Abstecher nach Termessos gut in Antalya an. ***(Bild 3.47) (Bild 3.48)***

Die zweite Exkursion zum Thema Cart-Ruts ging in Antalya nach zwei Tagen der Entspannung zu Ende und ich denke, das Gesehene übertraf alle Erwartungen. Die Türkei ist immer wieder einen Besuch wert! Reich an interessanter Geschichte, an schönen Landschaften und an einer warmen und herzlichen Gastfreundschaft, die schwer beeindruckend ist und so gut tut.

Mittlerweile sind seit diesem Besuch sechs Jahre vergangen und ich habe vor, diese Region noch einmal mit etwas mehr Zeit zu bereisen. Und es wäre sehr schön, wären dieses Mal interessierte Geologen und/oder Geomorphologen mit im Team.

Bild 3.47 *In den Bergen oberhalb von Antalya findet sich die nach einem Erdbeben aufgegebene Stätte von Termessos.*

Bild 3.48 *Das 4.000 Zuschauer fassende hellenistische Theater von Termessos*

Bild 4.1 *Spuren eines Steinbruchs auf dem Areal von Clapham Junction/Misrah Ghar il-Kbir*

Kapitel 4

Bisherige Forschungen und Untersuchungen

„Es gibt mehr Ding' im Himmel und auf Erden, als Eure Schulweisheit sich träumt, Horatio."

William Shakespeare, Hamlet, 1. Akt, 5. Szene

Wieder zu Hause angekommen, musste ich feststellen, dass mir diese Thematik der möglicherweise versteinerten Fahrzeugspuren keine Ruhe mehr ließ. Die Fakten und Bilder ergaben einfach keinen Sinn!

Auch wurde klar, dass trotz fehlender Erklärungen und mangelnder Forschung das Thema nicht sehr bekannt ist und sich vorwiegend Quereinsteiger wie ich, also quasi Hobbyarchäologen, mit den Spuren beschäftigen.

Bei meinen ersten Nachforschungen bin ich im Netz auf einen Aufsatz von Uwe Topper gestoßen, der zum Thema Spuren in mediterranen Regionen bereits viele Informationen zusammengetragen hatte.

Er schreibt, dass spätestens 1794 die Spuren in der spanischen Literatur auftauchten. 1877 äußerte sich José Sabater folgendermaßen: *„Diese Gleise werden noch lange der Schrecken der Archäologen sein."*

Und 1919, so schreibt Uwe Topper, ließ Zuazo y Palacios einen Aufruf an alle Wissenschaftler und Archäologen ergehen: *„Wir halten diese iberischen Ruinen für die wichtigsten von Spanien!"*[1] 1893 erschien ein Buch von Philipp Ballif mit dem Titel *„Römische Strassen in Bosnien und der Hercigovina"*. Der Verfasser bereiste diese Region

1 http://www.ilya.it/chrono/pages/gleisedt.htm

und dokumentierte diese historischen Wege und Trassen. Ihre Entstehung datierte er in die Zeit des Römischen Reiches, obwohl keine geologischen bzw. geomorphologischen Betrachtungen angestellt wurden.

Auf Malta beschäftigte sich in den 1950er-Jahren der britische Archäologe John Evans mit den Spuren und führte Experimente mit Zugtieren durch, die beladene miteinander verbundene Holzstangen schleifenderweise durch das Gelände zogen. Ebenso wurden Wagen mit Rädern getestet.

Laut David H. Trump, ebenfalls ein britischer Archäologe, der sich mit dem Rätsel der Cart-Ruts beschäftigte, waren diese Aktionen nicht erfolgreich. Oder eben doch, denn sie zeigten, dass es alles andere als leicht ist, solche Spuren in den harten Kalkstein einzubringen.

Offensichtlich besaß er auch einen feinen Humor und erklärte die fehlenden Trampelspuren vermeintlicher Zugtiere durch vor die Karren gespannte fliegende Gänse.

Bild 4.2 *David H. Trumps Büchlein ist immer noch auf Malta zu haben und für alle Interessierten ein guter Leitfaden. (Quelle: Cart-Ruts and their impact on the Maltese landscape David H. Trump, Malta 2008)*

Von ihm gibt es übrigens ein wunderbares, wenn auch kleines, Buch mit vielen Fotos und Informationen zum Thema Cart-Ruts auf Malta.[2]

In diesem schreibt er, dass bereits Abela (1649), Houel (1787) und Boisgelin (1805) die Spuren erforschten. Und er schreibt auch: „Definitive Lösungen scheinen so weit weg wie eh und je."[3] ***(Bild 4.2)***

Zum Thema Cart-Ruts auf Malta gibt es auch die These, dass der größte Teil der Spuren Überbleibsel von Steinbruchtätigkeiten sind. Johannes Horn beschreibt diesen Gedanken in seinem Buch *„Das Rätsel von Malta, Die Cart-Ruts geben ihr Geheimnis preis"*.

Aber da stimme ich ihm nicht zu: Natürlich finden sich auf Malta Überbleibsel und Spuren antiker Steinbrüche, die jedoch deutlich anders aussehen als die Cart-Ruts. ***(Bild 4.1)***

Wenn im felsigen Gelände Steine gebrochen werden, so bleiben Lücken und leere Räume im Fels. Aber hier geht es um oft große ebene oder leicht geneigte Flächen, bei denen links und rechts der Spuren keinerlei Fels oder entsprechende Überbleibsel zu finden sind.

Im Kapitel 10 und im Zusammenhang mit den anatolischen Spuren wird es noch einmal um die These der Steinbruchtätigkeiten gehen (siehe S. 118).

Und der Tourist, der sich einen Reiseführer für Malta gekauft hat und mit diesem neugierig unterwegs ist, findet unsachliche und falsche Informationen zum Thema Cart-Ruts, so zum Beispiel folgende Zeilen: *„... Aus dieser Phase stammen auch jene auf Malta allgegenwärtigen, ominösen Schleifspuren (cart ruts), aus denen E. von Däniken nach einer Besichtigung messerscharf auf die Bremsspuren außerirdischer Raumgleiter schloss. Wissenschaftler deuten diese 40 cm breiten, parallel in einem Abstand von 135 cm verlaufenden und bis zu 60 cm tiefen ‚Gleise' als bronzezeitliches Transportsystem. Hierzu wurden zwei schlanke, längliche Steine, im Abstand von gut einem Meter parallel liegend, miteinander verbunden – vermutlich mittels durch Bohrlöcher geschobener Holzstämme oder Metallstangen – und anschließend die schweren Bausteine vom Abbauort auf diesem ‚Schlitten' zum Bauplatz gezogen. Im Laufe der Zeit ergaben sich ‚Spurrillen', die man immer wieder nutzte."*[4]
Aha ...

2 David H. Trump: Cart-Ruts and their impact on the Maltese landscape, Heritage Books, Malta 2008, S. 9
3 David H. Trump: Cart-Ruts and their impact on the Maltese landscape, Heritage Books, Malta 2008, S. 3
4 Werner Lips: Reise Know-How. Malta, Gozo, Comino. Verlag Peter Rump GmbH, Bielefeld 2012

Auffallend ist, dass der von vielen als „Unruhestifter" betrachtete Erich von Däniken oft vollkommen falsch zitiert wird und ihm Worte auf das Blatt geschrieben werden, die er selbst nie geschrieben hat.

Schweizer Enthusiasten um Georg O. Brunner haben sich intensiv mit den Karrengeleisen, so eine weitere Bezeichnung der Spuren im Stein, und deren rätselhaften Eigenschaften beschäftigt sowie Experimente bezüglich des Abriebes durchgeführt.

Im Ergebnis ihrer Untersuchungen im mitteleuropäischen und mediterranen Raum kommen sie zu dem Schluss, dass die Spuren im Wesentlichen durch Handarbeit entstanden sein müssen. Der Sinn dieser Spuren soll darin gelegen haben, dem Fahrzeug eine Führung zu geben, in Verbindung mit einem geebneten und begehbaren Weg.

Flache Spuren bis 5 cm Tiefe sollen größtenteils durch Abrieb, tiefere Spuren bis 50 cm durch Handarbeit entstanden sein.

In einem Abrasionsexperiment wurde festgestellt, dass bei einem Auflagegewicht von 100 kg und nach 10.000 Passagen das Gestein gerade einmal einen Abrieb von 1–2 mm aufwies.

Ebenfalls beschäftigten sich die Schweizer mit, wie sie schreiben, *beinah humoresken* Versetzungen einiger Spuren, also Bereiche einer Spur, die nicht geradlinig verlaufen, sondern Sprünge aufweisen.

Da ein wirklicher Güterverkehr so nicht möglich ist, wurde eine manuelle Verschiebung eines Kultwagens für möglich gehalten.

Solche Versetzungen bedeuten, dass sich die Spurbreite ändert, was natürlich nur Probleme bereitet und verkehrstechnisch unsinnig ist.

Selber konnte ich solche Stellen im Sommer 2020 bei den Spuren beim Warmbad Villach beobachten, die ich im Kapitel 14 (siehe S. 165 f.) beschreiben werde.

In den Jahren zwischen 2000 und 2005 gab es ein durch das CULTURE 2000 Programm der EU gefördertes Projekt zur Erforschung der Cart-Ruts, an dem Universitäten aus Malta, Spanien und Italien beteiligt waren. Zum Abschluss erschien ein auf den ersten Blick ansehnliches Buch mit den Forschungsergebnissen bzw. mit einem kleinen Teil davon. ***(Bild 4.3)***

Leider sind die Grafiken und Fotos oft sehr klein geraten und nicht von guter Qualität.

Die Auswertung des großformatigen, fast 400 Seiten starken Buches, das es nur in einer englischsprachigen Ausgabe gibt, ist momentan noch nicht abgeschlossen.

Bild 4.3 *Im Rahmen eines EU-Projektes entstand dieses Buch. (Quelle: The Significance Of Cart-Ruts In Ancient Landscapes, Malta, 2005)*

Im Rahmen dieses Projektes wurden Spuren auf Malta und in Spanien untersucht. Auch sind leider nur einige wenige weltweite Fundorte von Cart-Ruts aufgeführt. Mein erster Eindruck ist der, dass mit vielen Worten um das Thema herumgeschrieben wurde und dass grundlegende geomorphologische Untersuchungen nicht erfolgt waren, ohne die aber diverse Theorien zum Thema nur Spekulation sein können.

Ich denke, zuallererst sollten Geologen und Geomorphologen die Spuren auf ein mögliches Alter hin untersuchen, erst dann kann man sich weitere Gedanken machen.

Von einer Archäologin wird in diesem Buch eine Theorie ins Spiel gebracht, dass diese Spuren landwirtschaftliche Ursachen haben und auch als Bewässerungskanäle gedient haben können. Mittlerweile habe ich schon eine Menge dieser Spuren gesehen, auch auf Malta, aber dieser Gedanke ist mir noch nie gekommen und ich denke, dass diese Theorie absolut fern von jeglicher Realität ist.

In den nächsten Kapiteln werden wir weitere Areale besuchen und uns mit den Eigenschaften der Spuren beschäftigen. Ich denke, dass sich keinerlei Hinweise finden lassen, die die eben erwähnte Theorie bekräftigen können.

In Moskau beschäftigt sich Dr. Alexander Koltypin, Geologe und ehemaliger Direktor des Naturwissenschaftlichen Forschungszentrums an der Internationalen Unabhängigen Universität für Ökologie und Politologie, mit dieser Thematik und anderen Zeugnissen in Stein aus längst vergangenen Epochen.

Aufgrund seiner zahlreichen Forschungsreisen ist er der Meinung, dass diese Spuren und viele im Felsen hinterlassene Ruinen aus dem Erdzeitalter des Neogen (vor 23,03–2,59 Millionen Jahren) stammen. Er datiert die Ruinen und die Cart-Ruts in die Zeit von vor 15–6 Millionen Jahren. Große Katastrophen mit ein bis zwei Kilometer hohen Flutwellen hätten während dieser Zeit die Erde heimgesucht und eine bereits existierende Zivilisation ausgelöscht, so die Hypothese von Koltypin.

Das ist natürlich eine gewagte Theorie, die in erster Linie nur von Fachleuten bestätigt oder widerlegt werden kann. Vorstellen kann ich mir dieses Szenario durchaus, denn die Spuren besitzen Eigenschaften (siehe Kapitel 7, S. 76 ff., und Kapitel 10, S. 116 ff.), die seine Theorie stützen.

Nach der sehr interessanten Exkursion nach Westanatolien nahm ich Kontakt zu Alexander Koltypin auf und bedankte mich für die wertvollen Informationen.

Anschließend informierten wie uns hin und wieder über interessante Areale und tauschten gelegentlich per Mail unsere Gedanken zu diesem Mysterium der Geschichte aus. Mittlerweile, nachdem ich endlos viele Spuren und das entsprechende Umfeld gesehen habe, halte ich es für sehr wahrscheinlich, dass seine These zum Alter der Spuren realistisch ist.

Lassen Sie uns in den nächsten Kapiteln immer wieder den Blick auf die Arbeit der Erosion werfen, um zu verfolgen, ob diese durchaus provozierende Theorie Bestand haben könnte.

Sollte es genügend Anhaltspunkte und Indizien dazu geben, können wir davon ausgehen, dass die Geschichte auf diesem Planeten gänzlich anders war, als wir es in der Schule gelernt haben.

Auf den zu Portugal gehörenden Azoren im Atlantik finden sich, wie bereits erwähnt, ebenfalls Cart-Ruts. Von Hans Dieter Gau, einem Kenner der Azoren und der dortigen Spuren, erfuhr ich, dass ein Projekt zur Erforschung der Cart-Ruts vergeben wurde. Leider ist bis jetzt dazu nichts Näheres bekannt geworden.

Im Sommer 2017 unternahm ich mit ihm eine kleine Exkursion in den Nordharz in Deutschland, wo sich auch Cart-Ruts und andere Merkwürdigkeiten im Sandstein befinden. Seine Erfahrungen und Schilderungen zu den Spuren auf den Azoren machten mich sehr neugierig und im Mai 2020, während diese Zeilen entstanden, war ich sehr gespannt, ob eine geplante und gebuchte Reise dorthin für den August stattfinden würde können.

Im Laufe der Jahre, bei Erkundungen im Internet, entdeckte ich überraschenderweise, dass es auch auf dem amerikanischen Kontinent scheinbar versteinerte Fahrzeugspuren gibt. Momentan sind mir Spuren aus Brasilien, Mexiko und den USA bekannt.

Ob sich in diesen Ländern Archäologen oder geschichtsinteressierte Laien mit der Thematik beschäftigen, ist mir nicht bekannt.

Zum Thema Cart-Ruts auf dem amerikanischen Kontinent ist noch zu erwähnen, dass dort laut Geschichtsschreibung das Rad vor Kolumbus nicht bekannt war.

Wer ist dann für die dortigen Spuren verantwortlich? Und wann sind diese entstanden?

Bild 4.4 *Diese Spur befindet sich bei Villa Sant'Antonio auf Sardinien. Ich denke, dass auch in den nächsten Jahren noch viele Spuren besucht und dokumentiert werden. Vielleicht findet sich einmal ein Hinweis oder gar Artefakt, der eine Erklärung der Spuren ermöglicht.*

Bild 5.1 Oft finden sich abseits ausgetretener Touristenpfade beeindruckende Landschaften. Hier durchfließt der aufgestaute Rio Júcar eine großartige Schlucht. Bereits die Fahrt dorthin auf schmalen, in Felswände gehauenen Wegen war sehr sehenswert. Um diese Landschaft zu erleben, biegt man in Richtung Norden kurz hinter Millares von der CV-580 nach links in Richtung Otonel ab.

Kapitel 5

Im Hinterland von Valencia/ Spanien

„Schauen sie sich die Welt an. Sie ist fantastischer als jeder Traum."

Ray Bradbury

Die Artikel von Uwe Topper auf seiner Webseite, insbesondere die Bilder und Beschreibungen von Castellar de Meca, einem ca. 1.050 m hohen Kalksteinplateau in der Nähe von Alpera, zwischen Ayora und Almansa, machten mich sehr neugierig. Auch andere Beschreibungen im Netz und die gute Auflösung bei Google Earth erweckten den Eindruck, dass es sich hier um ein besonderes Areal handeln könnte.

Der Flug wurde gebucht und Ende März 2016 ging es mit dem Mietauto und dem Zelt zum Castellar de Meca, ca. 90 km Luftlinie von Valencia entfernt.

Wir kamen im silbrigen und hellen Mondlicht in dieser Landschaft an, der Berg lag dunkel und geheimnisvoll vor uns. ***(Bild 5.2)***

Am nächsten Tag deckten wir uns im nahegelegenen Alpera erst einmal mit Lebensmitteln und Trinkwasser ein, denn wir wollten die Nächte wie in Westanatolien inmitten der Natur und der schönen Landschaft verbringen. In dieser Region befinden sich einige Höhenzüge aus Kalkstein und ein Ausläufer davon ist das Plateau von Castellar de Meca. ***(Bild 5.3)***

Nach dem Einkauf starteten wir die erste Exkursion und es ging hinauf zum Berg. Ca. 90 m unterhalb des Plateaus, auf einer Höhe von ungefähr 960 m, tauchten die ersten, aber stark verwitterten Spurfragmente auf. Allmählich wurde eine Art Rinne sichtbar, die allmählich, an Höhe gewinnend, uns als Weg diente. Und nach und nach kamen in dieser Rinne immer mehr und immer besser erhaltene Spuren zum Vorschein. ***(Bild 5.4–5.7)***

Fast auf dem Plateau angekommen, zweigt eine Spur nach links ab und die Hauptspur liegt ab hier ca. zwei Meter tief im massiven Kalkstein. ***(Bild 5.8)***

Nach ungefähr 140 m, der Aufweg mit den Cart-Ruts lag nun ca. drei Meter unter dem Geländeniveau, ging es in einer Spitzkehre von 180 Grad weiter und wir erreichten das Plateau. Die Spuren verliefen nun wieder fast auf dem Niveau des Geländes und ihr Erscheinungsbild machte mir klar, dass sich schon an dieser Stelle die Reise mehr als gelohnt hatte! ***(Bild 5.9–5.13)***

(1) ***Bild 5.2*** *Die Silhouette des Castellar de Meca im silbrigen und mystischen Mondlicht*

(2) ***Bild 5.3*** *Der Castellar de Meca im Sonnenschein. Das Wetter meinte es gut mit uns, auch wenn wir beim Zelten mit stürmischen Winden zu kämpfen hatten.*

(3) ***Bild 5.4*** *Auf dem Sattel zwischen dem linken kleineren Berg und dem Castellar de Meca (siehe Bild 5.3) finden sich die ersten, aber stark verwitterten Spuren.*

(4) ***Bild 5.5*** *Nach einigen Dutzend Metern beginnt eine Rinne am Hang allmählich nach oben zu führen.*

(5) ***Bild 5.6*** *Anfangs sind die vermutlich schon vorhandenen Spuren unter Ablagerungen verborgen.*

(6) ***Bild 5.7*** *Im oberen Bereich werden gut erhaltene Cart-Ruts sichtbar.*

7

8

(7) ***Bild 5.8*** *Ein gut erhaltener Abzweig nach links; diese Spur endet aber nach einigen Metern im Nichts, vermutlich verursacht durch die Kräfte der Erosion.* (8) ***Bild 5.9*** *Ab dem eben beschriebenen Abzweig verläuft die Spur tief im Kalkstein. Warum aber diese Spur mit vermutlich viel Aufwand so tief in den Fels eingearbeitet worden ist, kann ich mir nicht erklären, denn man hätte genauso gut auf dem allmählich ansteigenden Kalkstein nach oben gelangen können. Oder bereitete es den Erbauern vielleicht gar keine große Mühe, die Spur tief in den Fels einzubringen?* (9) ***Bild 5.10*** *Der geschmeidige Bogen wirft Fragen nach der Art und Weise der Herstellung auf! Mir sind keinerlei Meißelspuren oder andere Spuren von Brechwerkzeugen aufgefallen.*

9

(1) ***Bild 5.11*** *Die Spitzkehre aus der Vogelperspektive*

(2) ***Bild 5.12 und*** (3) ***5.13*** *Diese vermutlichen Schleifspuren erinnern mich an Bilder aus dem Granitsteinbruch in Assuan/Ägypten und an weitere Steinbearbeitungen in Peru. Wie kam es zu diesen merkwürdigen Bearbeitungsspuren? Diese ganze Thematik sollte interdisziplinär erforscht werden – vom Geologen und Fahrzeugspezialisten, von Baufachleuten bis hin zum Archäologen sind erfahrene Fachleute gefragt!*

(4) ***Bild 5.14*** *Überall auf dem Plateau finden sich diese geschmeidigen Spuren. Diese Stelle befindet sich einige Meter nach der Spitzkehre.*

(5)***Bild 5.15*** *Wie auf allen bisher besuchten Arealen fehlen die Trittspuren vermeintlicher Zugtiere! Es stellt sich die Frage, mit welcher Kraft die vermuteten Fahrzeuge bewegt wurden!*

Genauso geschmeidig wie in Westanatolien zogen sich hier die Spuren über das Plateau, und das im massiven und festen Kalkstein, der schon deutlich härter als der phrygische Tuff ist. Nichts deutete auf Meißelspuren hin, die Cart-Ruts erweckten wie immer den Eindruck, als wäre das Gestein während der Entstehung noch weich und formbar gewesen.

Dies ist sicherlich geologisch nicht möglich, aber das Erscheinungsbild der Spuren ist so! ***(Bild 5.14–5.18)***

Ziehen Sie das Messer durch weiche Butter oder den Löffel durch den Eisbecher – genauso geschmeidig sehen die Spuren auf dem Castellar de Meca aus!

Und an dieser Stelle möchte ich darauf hinweisen, dass es wichtig ist, diese Realität vor Ort mit den eigenen Sinnen zu erfassen. Bilder und Beschreibungen sind gut und schön, aber die Magic und das ganze Ausmaß der skurrilen Eigenschaften der Spuren sollte und muss man direkt vor Ort spüren und sehen. Castellar de Meca würde auf einer Empfehlungsliste ganz weit oben stehen und ist mehr als nur einen Besuch wert!

Neu zu beobachten waren hier zwei Stellen mit Ausweichspuren und den entsprechenden Weichen, quasi um den Gegenverkehr vorbeizulassen. Im Rückblick fällt mir auf, dass solche deutlichen und markanten Ausweichmöglichkeiten bis jetzt einzigartig sind. ***(Bild 5.19–5.22)***

Auch ist Castellar de Meca bis heute der einzige mir bekannte Ort, an dem die Spuren ohne Chaos, sondern wie sorgfältig geplant, über längere Strecken verlaufen.

Was die Spurbreite betrifft, so ist bei den sehr breiten Spuren schlecht abzuschätzen, wo genau die Fahrzeuge gefahren sind. Sind jedoch die Spuren durch seitliche Felsen fixiert, so sind öfter Maße um 1,42 m zu messen. Eine im unteren Bereich abzweigende Spur hat ein Maß von 1,32 m.

Betrachte ich die Bilder, die von Uwe Topper vermutlich in den 1970er-Jahren aufgenommen wurden, fällt auf, dass es hier oben irgendwann einmal Ausgrabungen gegeben haben muss. Aber noch immer liegt der größte Teil der felsigen Oberfläche unter der Vegetation und unter Ablagerungen verborgen. Es wäre sicherlich sehr interessant, das komplett freigelegte Plateau sehen zu können. Wer weiß, was sich vor unseren neugierigen Augen noch alles verbirgt! ***(Bild 5.23)***

Bild 5.16 *Typische Cart-Ruts auf dem Plateau von Castellar de Meca. Vermutlich wurden vor Jahren hier und an einigen anderen Stellen Ausgrabungen durchgeführt. Es sieht sehr aufgeräumt aus, aber an vielen Stellen verschwinden die Spuren noch unter Ablagerungen*

Bild 5.17 *Noch immer liegen Spuren unter Ablagerungen verborgen. Es wäre sicherlich sehr spannend, das gesamte Plateau freizulegen.*

Bild 5.18 *Gelegentlich finden sich solche Zwillingsspuren, die uns bereits von Malta bekannt sind.*

***Bild* 5.19** *(oben) und* **5.20** *(unten) Eine von zwei Stellen zum vermutlichen Ausweichen bei Gegenverkehr. Überhaupt ist dieses Areal mit vielen Spuren das einzig mir bekannte, auf dem die Spurenverläufe verkehrstechnisch Sinn ergeben. Von überall vorkommenden einzelnen Spuren einmal abgesehen, wo eine Verbindung zwischen A und B auch Sinn macht, finden wir sonst bei großen Arealen nur Chaos vor.*

***Bild 5.21** (oben) und **5.22** (unten) Etwas weiter westlich finden wir eine zweite Stelle, um möglichen Gegenverkehr passieren zu lassen.*

***Bild 5.23** Weite Teile des Plateaus sind noch von Ablagerungen bedeckt. Es wäre wünschenswert und sicherlich auch sehr spannend, die gesamte Fläche freizulegen.*

Bild 5.24 *Neben den Cart-Ruts finden sich viele andere Zeugnisse einer regen Bautätigkeit und ich denke, wir sollten nicht vergessen, dass solche markanten und strategisch interessanten Erhebungen in der Landschaft im Laufe der Zeit von vielen Generationen und Kulturen in Beschlag genommen und auch umgestaltet worden sind.*

Bild 5.25 *Am nördlichen Rand des Plateaus befindet sich die zweite größere Grube. Hier besteht auch eine weitere Möglichkeit, auf den Berg zu gelangen oder abzusteigen.*

Bild 5.27 *Neben den vielen Cart-Ruts finden sich auch einige rinnenartige Strukturen.*

Bild 5.26 *Eine von zwei größeren Gruben auf dem Felsplateau, hier mit Cart-Ruts in unmittelbarer Nähe. Ob diese Gruben oder andere Bearbeitungen im Fels ebenso alt wie die Spuren sind, vermag ich nicht zu beurteilen.*

***Bild 5.28** Eine weitere Aufstiegsmöglichkeit auf das Felsplateau mit einer in den Fels eingearbeiteten Treppe. Das Stufenmaß ist sehr klein und ich frage mich, ob sich daraus die Körpergröße der Erbauer ableiten lässt. Die relativ geringe Spurbreite der vermuteten Fahrzeuge nährt ebenso den Verdacht, dass hier keine Riesen am Werk waren.*

***Bild 5.29** Das Plateau von Castellar de Meca, vom benachbarten Höhenzug aus betrachtet*

Natürlich sind, wie so oft im Umfeld der Spuren, auch andere Bearbeitungen im Stein zu finden.

Es gibt einige größere und kleinere rechteckige Gruben und andere Strukturen im Fels, ebenso sind kleinere kanalartige Rinnen zu finden und hin und wieder sind rundliche Löcher oder Vertiefungen zu sehen. ***(Bild 5.24–5.27)***

Eine sehr schöne, obwohl mit sehr kleinem Stufenmaß in den Fels eingearbeitete Treppe ist an einer zweiten, steileren Aufstiegsmöglichkeit auf das Plateau zu finden. ***(Bild 5.28)***

Für alle am Thema Interessierten ist ein Besuch dieses schönen Tafelberges unbedingt zu empfehlen, denn das, was wir hier sehen können, lässt sich so schnell nicht mehr überbieten. ***(Bild 5.29)***

Bild 5.30 *(oben) und* ***5.31*** *Der Zufall wollte es, dass wir an einem Areal mit versteinerten Saurierspuren vorbeikamen.*

Die wenigen Tage dieser ersten Exkursion vergingen viel zu schnell und wir mussten allmählich die Heimreise antreten. Auf dem Rückweg nach Valencia wählten wir eine Route, die uns auf schmalen Seitenstraßen in Richtung Norden durch interessante und sehenswerte Kalksteinmassive führte, die oft durch beeindruckende Canyons unterbrochen wurden. ***(Bild 5.1)***

Aber auch Valencia ist sehenswert, gerade die futuristisch anmutenden Gebäudekomplexe der „Stadt der Künste und der Wissenschaften" des spanischen Architekten Santiago Calatrava gefielen mir gut und beeindruckten mich sehr. Es war wie eine Reise in eine Zukunft, und zwar in eine positive Zukunft, die diese mit viel Fantasie entworfenen und großzügigen, lichtdurchfluteten Gebäude ausstrahlten. ***(Bild 5.32) (Bild 5.33)***

Im Jahre 2018 besuchte ich während einer längeren Sommerreise, die mich bis in den Raum Alicante/Spanien führte, noch einmal Castella de Meca. Dieses Kalksteinplateau inmitten einer schönen Landschaft ist einfach zu schön und zu interessant, als ohne Stopp diese Region zu queren.

Die Bilder und Erfahrungen aus dieser Reise sind mit in dieses Kapitel eingeflossen, auch gibt es bezüglich der Spuren noch einige bemerkenswerte Besonderheiten, die aber erst im Kapitel 7, in dem es um die Eigenschaften der Spuren geht, erläutert werden (siehe S. 76 ff.).

Für alle, die einen Besuch dieser Stätte planen, ist folgende Information wichtig: Das Areal von Castellar de Meca und die Zufahrtswege befinden sich auf Privatgrund und es ist nur am Sonntag zwischen 09:00 Uhr und 14:00 Uhr erlaubt, den Ort zu besuchen. Ich hatte mich um eine Sondergenehmigung bemüht, die mir aber leider nicht erteilt wurde. Immerhin ist man weit gereist, das Timing ist nicht immer leicht und das Wetter spielt ja auch eine wichtige Rolle.

Wie auch immer, diese Beschränkung des Zugangs halte ich für unzumutbar, ist dies doch eine bedeutende archäologische Stätte und mehr als ein paar Besucher, die sich an einer Hand abzählen ließen, habe ich nie gesehen, außerdem sollte man halbwegs fit zu Fuß sein. Deshalb vermute ich, dass dort riesige Besuchermassen nicht zu erwarten sind und halte die Zugangsregelung für absolut überzogen.

Zum Glück wussten wir bei dem ersten Besuch im Frühjahr 2016, außerhalb der Urlaubssaison, nichts von diesen Beschränkungen und verbrachten einige Tage vollkommen sorglos und unbeobachtet inmitten dieser schönen Landschaft!

Mittlerweile sind aber einige nicht mehr zu übersehende Schilder mit diesen Reglementierungen aufgestellt worden.

***Bild 5.32** (oben) und **5.33** (unten) Am Ende dieser Reise konnten wir noch einen Tag in Valencia verbringen und unter anderem diese fantastische Architektur bestaunen. Auch das auf dem gleichen Areal befindliche Meeres-aquarium war einen Besuch wert.*

Bild 6.1 *Im Hintergrund die Steilküste von La Ciotat, die zu den höchsten Klippen Europas zählen. Im Vordergrund die Calanque de Port-Pin, die sich von Cassis aus gut zu Fuß erreichen lässt.*

Kapitel 6

Erste Erkundungen in Frankreich

„Die Welt ist ein Buch. Wer nie reist, sieht nur eine Seite davon.“

Aurelius Augustinus

Es folgte der Sommer 2016 und ich unternahm eine längere Rundreise durch Frankreich.

Wieder beim Stöbern im Netz und nach entsprechender Lektüre hatte ich zwei vielversprechende Areale mit Cart-Ruts entdeckt, das erste westlich von Marseille und das zweite in der Nähe von Narbonne.

Für alle Naturliebhaber sei unbedingt erwähnt, dass sich etwas östlich von Marseille, bei Cassis, am Meer idyllische Buchten finden lassen, die von imposanten Kalksteinfelsen eingerahmten Calanques.

Diese Region sollte bei keinem Besuch ausgelassen werden und wie so oft empfiehlt sich der Besuch eher außerhalb der Hochsaison.

In Richtung Westen, ungefähr 25 km von Marseille entfernt und auch am Meer gelegen, finden sich nun bei La Couronne am gleichnamigen Cap Couronne in der Nähe des Leuchtturms einige Areale mit Cart-Ruts.

Das größte dieser Areale befindet sich ca. 750 m nordöstlich des Leuchtturmes und erinnert, wie z. B. Clapham Junction auf Malta, an einen kleineren Rangierbahnhof mit Gleisen und Abzweigungen, wenn auch nicht in solch großen Dimensionen. ***(Bild 6.2–6.8)***

Die anderen Areale mit Felsengeleisen finden sich ca. 200 m nordöstlich und ca. 400 m nordwestlich des Leuchtturmes am Cap Couronne.
(Bild 6.9–6.12)

***Bild 6.2** Das größte Areal bei La Couronne erinnert an einen kleineren Rangierbahnhof.*

***Bild 6.3** (links) und **6.4** (rechts) Die Spuren aus der Vogelperspektive*

Bild 6.5 *Der gleiche, gut erhaltene Abzweig*

Bild 6.6 *In Richtung Norden verlieren sich die Spuren allmählich und lassen sich nicht weiter verfolgen.*

Bild 6.7 *Eine einzelne, stark verwitterte Spur, die möglicherweise zum Steinbruch führte*

Bild 6.8 *Der teilweise überflutete Steinbruch in der Nähe des größten Areals*

Bild 6.9 *(oben) und* **6.10** *(unten) Circa 400 m nordwestlich des Leuchtturmes finden sich einige Fragmente einer stark verwitterten Spur.*

Bild 6.11 *(rechts) und* ***6.12*** *(oben) Auf diesem Areal, ungefähr 200 Meter nordöstlich des Leuchtturmes, finden sich einige gut erhaltene Spuren. Allerdings empfiehlt es sich wie so oft, eine Maurerkelle und einen Besen mit im Gepäck zu haben, da viele Spuren von Ablagerungen bedeckt sind.*

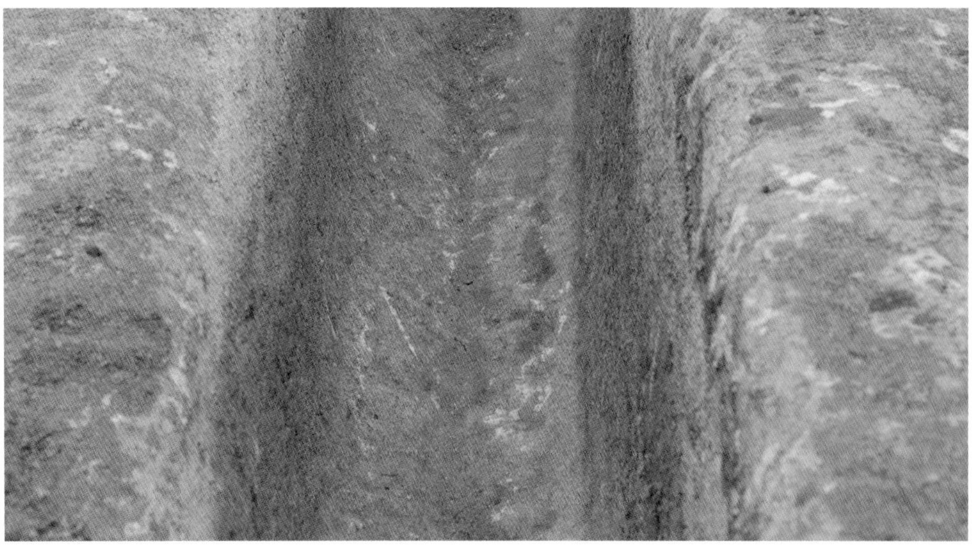

Bild 6.13 *Wie hier stellt sich oft die Frage, warum einzelne Spuren so gut erhalten sind? Eigentlich sollte man nach vermutlich vielen Fahrten ausgeschlagene und abgenutzte Spuren finden; stattdessen machen hin und wieder die Cart-Ruts den Eindruck, als wären sie gerade angelegt worden oder entstanden und würden kaum benutzt werden.*

Bild 6.14 *(links)* *Auf diese römische Brücke, die Pont Flavien, laufen von beiden Seite Cart-Ruts zu.*

Bild 6.16 *(rechts)* *Nördlich der Brücke verzweigen sich die Spuren, lassen sich aber nicht mehr weit verfolgen.*

Bild 6.15 *(unten)* *Südlich der Brücke findet sich nur noch eine kurze Spur*

Viele Spuren sind versandet und stark erodiert, aber es finden sich mit Hilfe von Maurerkelle und Handfeger sehr interessante Details.

So zum Beispiel eine sehr gut erhaltene Spur mit einem interessanten Basisprofil – und ähnlich wie bei der Iliantreppe in Deutschland (Kapitel 11, S. 129 ff.) fällt es schwer, sich vorzustellen, dass über lange Zeiten Wagen durch die Spur gerumpelt sind. Sie erscheint wie eben angelegt und nie oder nur einmal benutzt. ***(Bild 6.13)***

Erstaunlicherweise kommen am Cap Couronne sehr viele verschiedene Spurbreiten zusammen: 1,08 m, 1,14 m, 1,21 m, 1,30 m, 1,40 m, 1,44 m, 1,48 m, 1,50 m und 1,54 m.

Am Meer finden sich auch historische Steinbrüche, von denen einige bereits unter der Wasseroberfläche liegen. Sie werden mit den Cart-Ruts in Verbindung gebracht, obwohl sich die Spuren nicht wirklich zu den Steinbrüchen verfolgen lassen.

Ohne weitere Untersuchungen oder gar Ausgrabungen lässt sich leider nichts Genaueres sagen.

Nachdem meine erste Neugier zum Thema Spuren gestillt war, konnte ich hier am Meer auch wunderbar entspannen, denn dieser Teil der Mittelmeerküste wird vom Massentourismus verschont. Es gibt zwar keine großen Sandstrände, aber dafür ist das Wasser klar und lädt zum Schnorcheln ein. Auch kann La Couronne mit einem noblen Campingplatz aufwarten.

Am nächsten Tag ging es weiter in Richtung Südwesten, allerdings erst nach einem kurzen Abstecher nach Saint-Chamas, ungefähr 25 km nördlich von La Couronne gelegen.

Hier gibt es eine römische Brücke, die Pont Flavien, auf die von beiden Seiten Cart-Ruts zulaufen. ***(Bild 6.14) (Bild 6.15)***

Auf Google Earth ist dies gut zu sehen und es stellt sich mir die spannende Frage, ob damit nun doch bewiesen wäre, dass die Römer die Verursacher der Spuren sind?

Vor Ort ist zu sehen, dass die Spuren jenseits der Brücke das übliche Erscheinungsbild aufweisen, wenngleich sie auch sehr erodiert sind, und wieder sind keine an Zugtiere erinnernden Spuren zu erkennen. ***(Bild 6.16)***

Allerdings fällt beim näheren Betrachten auf, dass die Felsengeleise kurz vor der Brücke enden und auch auf der Brücke als solche nicht mehr erkennbar sind.

Es finden sich auch verschiedene Spurbreiten: 1,47 m, 1,59 m und 1,72 m.

Deshalb vermute ich, dass die Engstelle auch von den Römern genutzt wurde, um dort eine Brücke zu errichten. Und dass die Spuren zu dieser Zeit bereits vorhanden waren. Aber auch hier müssten die Spuren freigelegt werden, um konkrete Aussagen machen zu können.

Die weitere Reise führte nun durch die Camargue mit ihren Sehenswürdigkeiten, wie zum Beispiel die malerischen Orte Aigues-Mortes und Sète. Die Nacht verbrachte ich auf einem Campingplatz in der Nähe von Sigean und am nächsten Tag bemühte ich mich, das hiesige Areal zu finden, was gar nicht so leicht war, da ich auf Google Earth nicht fündig geworden war.

Aber nach einiger Sucherei war ich dann vor Ort. Eine „Römerstraße" vom Feinsten! Hier ist eine ca. 30 m lange Spur freigelegt worden, die, so wird es vor Ort erklärt, ein Teil der Via Domitia ist. ***(Bild 6.18)***

Sehr sauber und elegant ziehen sich die Spuren durch den festen und massiven Kalkstein. ***(Bild 6.19) (Bild 6.20)***

Dann, am nordwestlichen Ende der gut freigelegten Spuren, ein Besen ist aufgrund der vielen Kiefernadeln trotzdem empfehlenswert, erwartet uns eine Überraschung!

Mit Blick in Richtung Nordwesten verschwindet die linke Spur für nur einige Meter, so als wäre das Gefährt nur auf der rechten Seite weitergefahren. Bis auf einen kleinen Abdruck von ca. 20 cm Länge ist nur noch die schöne glatte Oberfläche des Kalksteines zu sehen, sonst gibt es keine Andeutung einer Spur, lediglich scheint die Fläche etwas abgeschliffen zu sein. Wie ist so etwas möglich? Wäre dies tatsächlich eine viel benutzte Römerstraße, so dürfte es wohl solch eine Merkwürdigkeit nicht geben! Die Spurbreite beträgt 1,42 m. ***(Bild 6.22)***

Bild 6.17 *Auf der Brücke wurden Steinplatten verlegt, von denen aber nur noch wenige vorhanden sind.*

Bild 6.18 *In der Nähe von Sigean bei Narbonne finden wir diese sehr gut erhaltene Spur, die als ein Teilstück der römischen Via Domitia interpretiert wird. Wie immer fehlen die Spuren von Zugtieren, die doch bei so tiefen eingefahrenen oder angelegten (und oft benutzten?) Spuren zu sehen sein sollten. Stattdessen finden wir nicht ganz mittig eine Art Schleifspur, für die es ebenfalls keine schlüssige Erklärung gibt.*

In Richtung Nordwesten finden sich noch weitere Fragmente einer breiten, vermutlichen Solo-Spur im Wald. Von der Richtung her könnte es die Fortsetzung der Spur sein, aber um Genaueres zu sagen, müssten Ausgrabungen getätigt werden. ***(Bild 6.21)***

Im folgenden Kapitel 7 ab S. 76 wird es noch einmal um die sehr speziellen Eigenschaften dieser Spur gehen.

Meine Reise führte mich weiter durch das Perigord mit seiner bedeutenden Vergangenheit zum Thema Cro-Magnon-Mensch und seinen berühmten Bilderhöhlen, wie z. B Lascaux.

Und nach einem Abstecher zur großartigen Dünenlandschaft bei Arcachon konnte ich erstmalig die endlosen Steinreihen der Bretagne, verschiedene Dolmen und Menhire in der näheren Umgebung von Carnac bestaunen. ***(Bild 6.25) (Bild 6.26)***

Was haben nun diese steinernen Zeugnisse in der Bretagne mit unseren möglichen Fahrzeugspuren zu tun? Ich vermute einmal, dass es keinen direkten Zusammenhang gibt, aber ein Detail finde ich erwähnenswert und vielleicht ist dies irgendwann einmal sehr wichtig.

***Bild 6.19** (links) und **6.20** (rechts) Ganz akkurat und sauber verlaufen die Spuren durch den Kalkstein. Warum sind sie nach angeblich viel Verkehr nicht ausgeschlagen und zerschunden?*

***Bild 6.21** Ist dies eine Fortsetzung der eben noch markanten und gut erhaltenen Spur?*

***Bild 6.22** Die linke Spur verschwindet für einige Meter! Wurden hier, immer an der gleichen Stelle, mit dem Wagen Kunststückchen vorgeführt oder ist dies eine Stelle zum rituellen Abwurf der Last? Oder, was immer wieder im Zusammenhang mit unerklärlichen Funden zu lesen oder zu hören ist, ist dies vielleicht eine Kultstätte, um den Göttern zu huldigen? Verkehrstechnisch ergibt diese Merkwürdigkeit jedenfalls keinen Sinn.*

(1) ***Bild 6.23***
Das Château de Commarque. Hier befindet sich eine Höhle mit frühgeschichtlichen Tierdarstellungen

(2) ***Bild 6.24***
Rocamadour, einer der schönsten Orte Frankreichs

(3) ***Bild 6.25*** *und* (4) ***6.26***
Auf einer Strecke von circa 4 km finden sich in der Region Carnac immer wieder große Alleen von insgesamt knapp 3.000 Menhiren.

(5) ***Bild 6.27*** *Der ehemals höchste Menhir dieses Planeten befindet sich in Locmariaquer und war vor seiner mutmaßlichen Zerstörung durch Menschen 18,50 m hoch. Der 280 Tonnen schwere Monolith wurde aus 10 km Entfernung zu seinem Standort transportiert und aufgerichtet.*

(6) ***Bild 6.28***
Die Menhire von Kergadiou

1

2

3

4

6

5

Bild 6.29 *Beide Menhire sind sorgfältig bearbeitet und weisen, bis auf die grobe Struktur des Granits keinerlei Unebenheiten auf.*

***Bild 6.30** Die Oberfläche des noch stehenden Menhirs von Kergadiou*

Es geht wieder einmal um das Thema der Steinbearbeitung, das ja nicht nur im Zusammenhang mit den Cart-Ruts und einigen Menhiren, sondern auch weltweit immer wieder auftaucht und für viele Fragen verantwortlich ist!

Ich habe einige Menhire in der Bretagne gesehen, die nach dem Brechen im Steinbruch eine deutliche Nachbearbeitung erfahren haben müssen, sind sie doch bis auf die grobe Struktur des Granits geglättet worden. Irgendwelche Bearbeitungsspuren der vermutlich damals verwendeten primitiven Steinwerkzeuge konnte ich nicht erkennen. ***(Bild 6.27–6.32)***

Ein Beispiel der besonderen Art gibt es in der Region der rosafarbenen Granitküste bei Trégastel. Ein Besuch dieser farbigen und wildromantischen Küstenregion ist übrigens unbedingt zu empfehlen, ebenso ist ein guter Draht zum Wettergott sehr von Vorteil!

Der Menhir von Saint-Uzec, der in christlicher Zeit umgearbeitet worden ist, zeigt merkwürdige rinnenartige abwärtsführende Spuren an seiner hinteren Seite, die wieder einmal so aussehen, als wäre man mit dem Messer durch weiche Butter gefahren. Wie ist so etwas möglich? ***(Bild 6.34–6.36)***

***Bild 6.31** (links) Der Menhir von Kerloas war ursprünglich 12 m hoch, büßte aber bei einem Blitzschlag 2 m seiner Höhe ein. Sein Alter wird auf 5.000 Jahre geschätzt.*

***Bild 6.32** (rechts) Der Menhir vom Champ-Dolent ist 9,3 m hoch und hat ein Gewicht von über 120 Tonnen.*

*(1) **Bild 6.33** Der Leuchtturm von Ploumanac'h.*

*(2) **Bild 6.34** Die Vorderansicht des Menhirs von Saint-Uzec*

*(3) **Bild 6.35** Auf der Rückseite des Menhirs finden sich merkwürdige Rinnen.*

*(4) **Bild 6.36** Ich kann mir nicht vorstellen, wie Regen im Laufe von Jahrtausenden im härtesten Granit solche Spuren hinterlassen haben soll.*

Irgendwo las ich, dass diese Spuren vom vielen Regen ausgewaschen worden wären, aber da hätte der Regen sehr selektiv vorgehen müssen, denn natürliche Felsen sind kaum so gestaltet. Hin und wieder kann man ansatzweise ähnliche Rinnen sehen, aber keineswegs in dieser Qualität und Quantität.

Der Urlaub näherte sich seinem Ende und ich machte mich auf in Richtung Osten, nicht aber ohne einige touristische Highlights zu besuchen. Sehr bekannt und empfehlenswert ist Le Mont-Saint-Michel. Empfehlenswert ist auch hier trotz des Urlaubs sehr zeitiges Aufstehen, um nicht in den großen Besuchermassen unterzugehen. Und es war ein Genuss, sich diesem Monument in so früher Stunde zu nähern. ***(Bild 6.38)***

Viele Kilometer weiter dann in Richtung Osten, in der Normandie, wurde das Wetter sehr regnerisch und unangenehm, war es wohl aber die richtige Kulisse, um sich einem bedrückenden Thema zu stellen: die Landung der Alliierten im Zweiten Weltkrieg.

Tote über Tote – nicht nachzuvollziehen, wie viele Menschen ihr Leben hier verloren haben, und ich fragte mich, warum in der Geschichte der Menschheit immer wieder solche dunklen Kapitel auftauchen.

Und betrachten wir die heutige Zeit, circa 30 Jahre nach dem Ende des Pseudosozialismus, die so genannte freie westliche Welt hätte aufatmen können, wie sieht es da aus? Wo ist die große erwartete Entspannung geblieben? Nichts dergleichen, das Gegenteil ist eingetreten und die weltweiten Konflikte haben stark zugenommen!

Es ist deutlich zu spüren, woher der Wind weht. Die Gier und der Zwang nach immer mehr Wachstum und die Jagd nach immer mehr Profit können uns dem Verderben wieder näher bringen.

Lernfähigkeit und der Wille, etwas zum Positiven zu verändern, sehen anders aus!

Und es tauchte die Frage in mir auf, welche gesellschaftlichen Zustände zur Zeit der Entstehung der Spuren herrschten? Ob diese Spuren möglicherweise Zeugen eines katastrophalen Ereignisses durch menschliche oder natürliche Ursachen sind?

Das Wetter blieb schlecht, aber an den beeindruckenden Klippen von Étretat zeigte es sich ab dem Nachmittag sehr versöhnlich und gewährte mir zum Ende des Urlaubs noch einige zauberhafte Blicke auf diese spektakuläre Küste. ***(Bild 6.39) (Bild 6.40)***

Bild 6.37 *Ein weiterer Menhir mit ähnlichen Spuren*

Bild 6.38 *Le Mont-Saint-Michel*

***Bild 6.39** (oben) und **Bild 6.40** (unten) Die Klippen von Étretat*

Kapitel 7

Eigenschaften der Spuren

„Das Universum ist nicht nur wunderbarer als wir denken, sondern wunderbarer als alles, was wir denken können.“

J. P. S. Haldane

Bild 7.1 *Die Spurbreite bei diesen nahezu identischen und weit voneinander entfernten Spuren beträgt in beiden Fällen 1,42 m.*

Von David H. Trump, dem britischen Archäologen, der die Spuren auf Malta studierte, gibt es folgende Aussage: „... *einige von ihnen sind immer noch völlig verwirrend, was natürlich zu ihrer Attraktivität beiträgt.*"[5]

Er bringt es, ohne zu übertreiben, auf den Punkt! Mittlerweile habe ich eine ganze Menge dieser oft großen Areale mit Felsengeleisen gesehen und nirgendwo kam der Gedanke auf, okay, hier ist alles klar. Gleichmäßige Wagenspuren, ah ja, und dann in der Mitte die Spuren der Zugtiere.

Fehlanzeige! Nichts dergleichen, nur verwirrende Details, und ich möchte sagen, überall andere skurrile Erscheinungen, von denen schon einige beschrieben worden sind.

Stellen Sie sich mit Spielzeugautos spielende Kinder im Sandkasten vor oder einen Truppenübungplatz nach einem Manöver, so ungefähr zeigen sich die meisten Areale mit Cart-Ruts.

Auffallend ist, dass es zwei Arten von Cart-Ruts zu geben scheint: Die einen haben eine sehr schmale Basisbreite mit einem gelegentlichen bogenförmigen Querschnitt in der Spur und eine geringere Spurbreite als der zweite Typ, der eine deutlich größere ebene Basis und eine größere Spurbreite aufweist.

Der erste Typ kommt nach dem jetzigen Stand der Dinge im Norden wie in Deutschland, der Schweiz und in Österreich vor, die größeren Spuren finden sich eher in den südlicheren Ländern. Auf Malta finden wir beide Varianten.

Betrachten wir nun einige Details etwas näher: Bleiben wir bei der wie im vorherigen Abschnitt erwähnten ca. 30 m langen Spur bei Sigean in der Nähe von Narbonne, Südfrankreich. Die merkwürdige Unterbrechung dieser Spur habe schon im Kapitel 6 auf S. 68 f. erläutert. ***(Bild 7.2)***

5 David H. Trump: Cart-Ruts and their impact on the Maltese landscape, Heritage Books, Malta 2008, S. 3

Bild 7.2 *Detailansicht der verschwindenden Spur*

Ebenso, dass sich die Spur in Richtung Nordwesten allmählich auf dem glatten Kalkstein verliert (siehe Bild 6.21, S. 69). Und auffällig ist wieder, dass keine wirklichen Trampelspuren von Zugtieren zu sehen sind. Dafür finden sich nicht ganz mittig eigentümliche Schleifspuren.

Nach einem zweiten Besuch auf Malta fiel mir beim Sichten der Fotos auf, dass diese Spur, inklusive Schleifspuren in der Mitte, bis auf den Zentimeter einer Spur auf Malta bei Ta' San Gakbu gleicht! Die Vermutung liegt nahe, dass es sich um ein Fahrzeug des gleichen Typs handelt.

Was die Spurbreite betrifft, so möchte ich darauf hinweisen, dass ich nicht wie sonst üblich von Radmitte zu Radmitte gemessen habe, sondern das Gesamtmaß vom linken Rand der linken Spur bis zum rechten Rand der rechten Spur genommen habe ***(Bild 7.1)***.

(1) ***Bild 7.3,*** (2) ***Bild 7.4,*** (3) ***Bild 7.5,*** *und* (4) ***Bild 7.6.*** *Sehr selten finden sich nicht ganz mittig innerhalb der Spur mögliche Schleifspuren. Mir sind momentan nur diese vier Beispiele bekannt.*

Was es aber mit den Schleifspuren auf sich hat, die in den großen anatolischen Arealen gar nicht und im europäischen Raum nur relativ selten zu beobachten sind, ist für mich ein weiteres großes Fragezeichen. Ich denke, es macht keinerlei Sinn, sich irgendwelche an den Haaren herbeigezogene Theorien auszudenken und so bleibe ich lieber erst einmal beim Sammeln von Fakten. ***(Bild 7.3–7.6)***

Bleiben wir gleich auf Malta. Auf einer geneigten und leicht verkarsteten Kalksteinfläche bei San Pawl tat-Tárga finden sich einige gut erhaltene Felsengeleise, so eine andere Bezeichnung für die Cart-Ruts, die hin und wieder auch verwendet wird.

Hier gibt es Stellen, wo eine Seite der Spur bis zu 60 cm tief im Kalkstein eingeschnitten ist und die andere auf der Oberfläche verbleibt (siehe Bild 8.15, S. 89).

In der Literatur findet man den Hinweis, es könnte sich um eine Stelle zum rituellen Abwurf der Last handeln.

In der Lektüre der Schweizer Enthusiasten finden sich folgende Zeilen: „*In einigen besonderen Fällen zeigt sich ein besonders geformter Verlauf, der ebenfalls nur durch geplante Handarbeit erklärbar ist … Einer der beiden Rinnenböden erscheint plötzlich an der Oberfläche. Ein durchfahrender Karren erleidet dadurch eine Schrägstellung, die mit effizientem Transport nicht vereinbar ist. Vermutlich ist die Rinne so angelegt worden, dass ein ritueller automatischer Abwurf einer Last erfolgte.*“[6]

Ich kann mir diesen Erklärungsversuch nicht zu eigen machen, weder die vermutete Handarbeit noch den rituellen Abwurf einer Last, aber das Beispiel zeigt deutlich, dass alle interessierten Forscher, egal ob Profi oder Laie, sich an den Grenzen des Vorstellbaren bewegen. Man sollte diese nicht seltenen, skurrilen Eigenschaften der Spuren mit eigenen Augen betrachten, um zu sehen und zu spüren, dass wir es hier mit einem vollkommen unverstandenen Phänomen zu tun haben (siehe auch Kapitel 4, S. 44 ff.).

Wir finden hier auf Malta auch das Phänomen der Zwillingsspuren, aber um die Verwirrung komplett zu machen, nur an einigen wenigen Abschnitten der Spur (siehe Bild 8.14, S. 89).

Diese Erscheinung findet sich auch auf dem sehr beeindruckenden Kalksteinplateau Castellar de Meca in Spanien. Dort finden sich ebenfalls an einigen Abschnitten solche Zwillingsspuren, aber ebenfalls nur partiell.

Bild 7.7 *Eine nicht mehr benutzte Spur wird von einer offensichtlich später angelegten Spur radikal abgeschnitten. Die Erosion weist die gleichen Merkmale auf. Diese Spur liegt nahe der Spitzkehre, siehe Bild 7.11, S. 81.*

Wie schon einmal erwähnt, erscheinen auf diesem Plateau die Felsengeleise wie planvoll angelegt. Kein scheinbar sinnloses Durcheinander, wie an den meisten anderen Cart-Ruts-Arealen, sondern es gibt eine klare Streckenführung, auch mit Ausweichstellen für den Gegenverkehr, so könnte man es jedenfalls vermuten.

Aber es erwartet uns an fünf bisher entdeckten Stellen eine bisher noch nicht gesehene Merkwürdigkeit.

Nicht mehr benutzte ältere Spuren werden von tiefer im Gelände liegenden und offensichtlich später angelegten Spuren radikal abgeschnitten. Der Grad der Erosion der verschiedenen Spuren reicht von ähnlich oder gleich bis hin zu deutlich älter.

Allerdings ist zu beachten, dass vermutlich viele Spuren erst in jüngster Zeit durch Ausgrabungen freigelegt worden sind und somit lange Zeit vor Erosion geschützt waren.

Trotzdem sprechen viele Indizien für sehr unterschiedliche Entstehungszeiten. ***(Bild 7.7–7.11) (Bild 7.13)***

6 http://www.stefan-ramseier.ch/roemisch/gastautor/brunner/haupttext.htm (momentan sieht es so aus, als wäre diese Seite nicht mehr erreichbar). Der Artikel ist auch im Bündner Monatsblatt 4, 1999, S. 243–263, erschienen, von Georg O. Brunner

Bild 7.8 *Die ältere Spur liegt hier auf einem deutlich höheren Geländeniveau, an der höchsten Stelle bis zu ca. 1,3 m über der „jüngeren" Spur, von der sie durch glatte Wände abgeschnitten worden ist. Und die oben liegende Spur weist deutliche Erosionsspuren auf, so als wäre sie Hunderttausende oder gar Millionen von Jahren älter!*

Bild 7.9 *Eine weitere, deutlich ältere und abgeschnittene Spur im zentralen Bereich des Plateaus*

Bild 7.10 *Auch diese Spur wurde im Laufe der Zeit aufgegeben, weist aber eine ähnliche Beschaffenheit wie die untere Hauptspur auf, siehe auch Bild 7.11.*

(1) ***Bild 7.11*** *Die aus verschiedenen Zeiten stammenden Spuren in der Nähe der Spitzkehre aus der Vogelperspektive*

(2) ***Bild 7.12*** *Unmittelbar vor der Spitzkehre befindet sich diese aufgegebene Spur.*

(3) ***Bild 7.13*** *und* (4) ***Bild 7.14*** *Inmitten einer Trümmerlandschaft aus Tuff finden sich hier bei Derbentbaşı in Kappadokien Reste von Spuren, die sich deutlich höher als die auf der Geländebasis liegenden Spuren befinden,* *siehe auch Bild 13.25, S. 159.*

***Bild 7.15** Merkwürdige, an Ketten erinnernde Abdrücke neben der Spur bei Villa Sant'Antonio auf Sardinien*

***Bild 7.16** Ähnliche Abdrücke neben der Spur bei Bonavista/Elche in Spanien*

***Bild 7.17** Weitere gut erhaltene Abdrücke raupenkettenähnlicher Strukturen auf dem Plateau von Başköy in Kappadokien, Türkei. Siehe auch Kapitel 13, S. 150 ff.*

***Bild 7.18** Auch auf Gozo findet sich ein Spurfragment mit diesen kettenähnlichen Abdrücken neben der Spur.*

Das gleiche Phänomen vermutlich unterschiedlicher Entstehungszeiten der Spuren begegnete mir erneut im Jahr 2019 nahe des Ortes Derbentbaşı in Kappadokien. Sehr wahrscheinlich fanden hier im Gegensatz zum Castellar de Meca keine Ausgrabungen statt.

Auf einem riesigen und stark erodierten Trümmerfeld aus Tuff finden sich einige Fragmente von Spuren ca. 1 m über der Grundfläche des Areals, auf dem sich einige Spuren über längere Strecken verfolgen lassen. ***(Bild 7.12)***

Wir haben es also oft mit beachtlichen Erosionsspuren zu tun, die im Kapitel 10 noch einmal beleuchtet werden.

Was ging hier wann vor? Ich denke, diese Details belegen wieder einmal mehr, dass wir es hier mit einem bislang vollkommen unverstandenen Mysterium zu tun haben.

Ein weiteres Rätsel sind gelegentliche, sich etwas außerhalb der Spuren befindliche Abdrücke von vielleicht kettenähnlichen Strukturen. Es fällt schwer, dies angemessen zu beschreiben.

Das erste Mal sah ich so etwas an der „verrückten" Stelle bei Bayramaliler in Phrygien, Westanatolien (siehe Bild 3.41, S. 41).

Später begegneten mir solche seitlichen Spuren auch bei Bonavista bei Elche/Spanien und bei Villa Sant'Antonio/Sardinien. Eine sinnvolle Erklärung dazu kann ich Ihnen leider nicht anbieten, denke jedoch, dass im Zusammenhang mit von Zugtieren gezogenen Wagen, so die klassische Erklärung der Cart-Ruts, solche Abdrücke nicht entstehen. ***(Bild 7.15–7.19)***

Auf der Webseite von Alexander Koltypin (https://history.eco) sind beeindruckende Bilder eines amerikanischen Geologen zu sehen, die Cart-Ruts und Kettenabdrücke wie die eines Panzers im Raum Round Rock/Texas in den USA zeigen. Diese Spuren werden offiziell als Überbleibsel des Chisholm Trail gedeutet, der laut Wikipedia ein Herdenweg aus dem südlichen Texas in das nördlich gelegene Kansas war und vorwiegend

***Bild 7.19** Auch auf dem Plateau von Castellar de Meca finden sich solche seitlichen Einkerbungen. Diese befinden sich an einer aufgegebenen Spur aus einem früheren Bauabschnitt. Wieder stellen sich Fragen bezüglich der Zeiträume und nach der Art der verwendeten Technologien, um die Felsen so geschmeidig zu bearbeiten*

Bild 7.20 *An einer Ausweichstelle auf dem Plateau von Castellar de Meca ändert sich das Erscheinungsbild der Spur deutlich.*

zwischen 1867 und 1887 genutzt wurde (siehe auch Kapitel 16, S. 186 ff.).

Eine ganz besondere Spur, die auf den ersten Blick sofort an ein Kettenfahrzeug erinnerte, sah ich in Syrakus auf Sizilien! Und dies seitdem nicht wieder (siehe Bild 9.47, S. 110)!

Eine weitere Merkwürdigkeit ist mir bis jetzt an zwei Stellen aufgefallen: Aus sehr großen Spuren werden von einem Zentimeter auf den anderen die üblichen und gewöhnlichen Spuren. Ein Grund oder Sinn ist darin nicht erkennbar.

Auf dem Gelände des Parco Archeologico in Agrigent/Sizilien gibt es so eine Stelle, eine weiter befindet sich auf dem Plateau von Castellar de Meca in Spanien (siehe Bild 9.58 und 9.59, S. 114 f.). ***(Bild 7.20)***

Zum Abschluss dieses Kapitels möchte ich noch eine Wagenspur in der Nähe von Nörten-Hardenberg in Deutschland beschreiben. Dort, ca. 900 m nördlich des Rodetals, am Hang eines Berges, liegt im Sandstein eine teilweise freigelegte Spur, die den Eindruck erweckt, als wäre hier nie ein Wagen entlang gerumpelt. Glatte Seitenwände und eine Spur mit millimeterfeinen filigranen Linien lassen uns nicht an Wege denken, in der vielleicht jahrelang eisenbeschlagene Räder rumpelnderweise ihre Spuren hinterlassen haben. Mal abgesehen davon, dass das freigelegte Teilstück relativ steil und sehr glatt war, sodass ein gefahrloses Begehen gar nicht möglich war. Ich kann mir aufgrund der Steilheit und Glätte bei Feuchtigkeit nicht wirklich vorstellen, wie Zugtiere diese Passage bewältigt haben sollen, weder bergauf noch bergab (siehe Bild 11.7, S. 129, und 11.8, S. 130).

Wie überall und immer, David H. Trumps Aussagen zu den Spuren treffen nach wie vor ins Schwarze: *„... einige von ihnen sind immer noch völlig verwirrend, was natürlich erheblich zu ihrer Attraktivität beiträgt.“*[7]

Allerdings möchte ich an dieser Stelle den Satz etwas ändern, denn ich bin mittlerweile folgender Meinung: ***„Alle*** *von ihnen sind immer noch völlig verwirrend, was natürlich erheblich zu ihrer Attraktivität beiträgt.“*

Und Christiane Dittmann schrieb in ihrem bemerkenswerten Buch: *„Anstatt sich eine Meinung über die Cart Ruts zu bilden, herrscht allgemeine Ratlosigkeit, Fragen, nichts als Fragen.“*[8]

Erstaunlicherweise kommt Christiane Dittmann im Verlaufe ihres Buches zu der Schlussfolgerung, dass die Spuren durch zwei miteinander verbundene Holzstangen durch Schieben und/oder Ziehen von barfüßigen Menschen entstanden sein sollen. Der Kalkstein wäre noch butterweich gewesen und erst später ausgehärtet. Aufgrund der durchgeführten Abriebexperimente und der Tatsache, dass Kalkstein schon während seiner Entstehung aushärtet, halte ich diese Erklärung für nicht möglich.

---

7 David H. Trump: Cart-Ruts and their impact on the Maltese landscape, Heritage Books, Malta 2008, S. 3
8 Geheimnis Malta. Auf der Suche nach der versunkenen Zeit. Kerschensteiner Verlag, Lappersdorf 2001, S. 23

Bild 8.1 Die Abendsonne sorgte hier bei Xlendi für warme Farben und viele Fotomotive.

Kapitel 8

Eine zweite Reise nach Malta

„Die wahren Forscher sind Dichter und Träumer. Ohne sie gäbe es keine Wissenschaft.
Die anderen sind Buchhalter und Krämer: Sie entdecken nichts.
Und im übrigen, wie langweilig wäre das Leben ohne Phantasie.“

Paul-Emile Victor,
Leiter der Französischen
Polar-Expedition

Die Initialzündung, um mich mit dieser Thematik zu beschäftigten, fand, wie bereits im Kapitel 2 beschrieben, 2014 auf Malta statt. Diese erste Woche diente eher einer groben Sichtung des Phänomens, ob da wirklich „etwas dran ist", als einer gezielten Untersuchung.

Also musste es noch einmal nach Malta gehen, diesmal mit etwas mehr Zeit im Gepäck und im Herbst, um auch in angenehmeren Wassertemperaturen die schönen Lagunen von Comino zu genießen. Von diesem Inselchen, zwischen Malta und Gozo gelegen, sind übrigens keinerlei Cart-Ruts oder tempelähnliche Anlagen bekannt.

Im Oktober 2016 konnte ich dann zum zweiten Mal die Inseln erkunden und genießen.

Eine sehr schöne Wanderung auf Gozo führte mich vom Fährhafen Mġarr auf das Plateau von Ta' Ċenċ, entlang an mit Opuntien bewachsenen Hängen und vorbei an malerischen Buchten. ***(Bild 8.2)***

Hin und wieder tauchten merkwürdige Spuren im Gestein auf, über deren Entstehung mir aber nichts bekannt ist. ***(Bild 8.3)***

Erwähnenswert ist auch ein schräg in den Fels getriebener Schacht mit akkuraten Bearbeitungsspuren, der, so wurde mir später von einem maltesischen Archäologen mitgeteilt, eine Fougasse sein soll, also eine Art steinerne Kanone, die in den Fels eingebracht worden ist, um Schiffe zu beschießen.

Warum aber der Schacht nach vielen angeblichen Explosionen immer noch wie neu aussieht, ist schon etwas rätselhaft. ***(Bild 8.4)***

Weiter ging es, die Klippen von Ta' Ċenċ kamen in Sicht und der Weg führte allmählich nach oben. Unterwegs fielen einige rechteckige Flächen von vielleicht 20 x 10 m auf, mit provisorischen Unterständen oder kleinen Hütten, die, so erfuhr ich später, der maltesichen Tradition des Vogelfangs dienten. Diese unschöne Tradition, den Zugvögeln auf ihrer Reise über das Mittelmeer den Garaus zu machen, ist mittlerweile zum Glück Vergangenheit und wird durch strenge Gesetze verboten.

(1) ***Bild 8.2***
Malta ist immer wieder einen Besuch wert! Auch wenn man nicht sehr an archäologischen Themen interessiert ist, sind die Inseln sehr zu empfehlen.

(2) ***Bild 8.3***
Solche merkwürdigen Spuren sind immer wieder zu sehen.

(3) ***Bild 8.4***
Ist es möglich, dass dies eine Art steinerne Kanone war? Vielleicht ist sie nie oder nur selten benutzt worden, denn Verschleißerscheinungen sind nicht wirklich zu sehen.

(4) ***Bild 8.5***
Nicht selten finden sich abseits beschriebener Areale unverhofft Spuren.

(5) ***Bild 8.6***
Eine einzelne und zwei Zwillingsspuren. Wie lassen sie sich zuordnen?

Auf dem Weg nach oben fanden sich unverhofft zwei kleine Fragmente von stark verwitterten Spuren, die gerade noch so erkennbar waren. ***(Bild 8.5)***

Auf dem Plateau von Ta' Ċenċ angekommen, ging es zu einem kleinen Areal mit Cart-Ruts, die mir auf Google-Earth aufgefallen war. ***(Bild 8.6)*** ***(Bild 8.7)***

Bild 8.10 *Diese Spuren erinnern durchaus an einen Steinbruch, aber das ebene Plateau von Ta' Ċenċ lässt diese Erklärung nicht zu*

Bild 8.7 *Die linke Zwillingsspur als Nahaufnahme. Was ging hier wann vor sich?*

Bild 8.8 *Eine Laune der Erosion?*

Bild 8.9 *Was haben diese Spuren zu bedeuten?*

Bild 8.10 *Auf den maltesischen Inseln finden sich viele geologische Bruchlinien. Ich denke, dieses Bild von der Steilküste bei Ta' Ċenċ auf Gozo sollte für Geologen sehr interessant sein.*

Zurück zur Hauptinsel Malta: Kurz vor Naxxar befindet sich eine geneigte Kalksteinfläche, vielleicht 350 x 150 m groß, auf der sich einige gut erhaltene Cart-Ruts befinden. Im Westen verlieren sich die Spuren in Steinbrüchen oder Industriegebieten, während im Osten die Spuren von der vierspurigen Verbindungsstraße Bugibba-San Pawl tat-Tarġa abgeschnitten wurden. ***(Bild 8.11) (Bild 8.12)***

Auf Google Earth lassen sich jenseits der Straße noch einige Spurfragmente erkennen.

Dieses Areal, von David H. Trump San Pawl tat-Tarġa genannt, das oft im Zusammenhang mit den maltesischen Spuren erwähnt wird, ist auf alle Fälle (mindestens) einen Besuch wert.

Hier finden wir die ganze Bandbreite an skurrilen und unerklärlichen Eigenschaften der Cart-Ruts, von wie fast wegradierten Spuren bis hin zu deutlichen Höhenunterschieden zwischen linker und rechter Spur, die schon einmal als rituelle Abwurfstelle für Lasten interpretiert wurden (siehe Kapitel 7, S. 79). ***(Bild 8.14)***

Auch finden sich hier die nicht oft vorkommenden Zwillingsspuren, die wir bereits vom Castellar de Meca in Spanien kennen. ***(Bild 8.13) (Bild 8.15)***

Der nächste Tag stand im Zeichen von Clapham Junction oder Misraħ Għar il-Kbir, dem wohl bekanntesten und größten Areal auf der Hauptinsel Malta mit einer Unmenge an Spuren.

Ausgangspunkt für diese Exkursion ist Dingli, das auch für seine riesigen Klippen bekannt ist, die mit 262 m Höhe die höchsten der Inseln und gleichzeitig auch die höchsten Erhebungen überhaupt sind. ***(Bild 8.16)***

Diesmal stand mir mehr Zeit zur Verfügung als 2014 und es entstanden viele Fotos dieser teils sehr großen und teils auch sehr chaotischen Spuren.

Bereits auf dem Weg nach Clapham Junction, nahe der Klippe und in der Nähe der St. Mary Magdalene Kapelle, findet sich ein kleineres Areal mit gut erhaltenen Spuren.

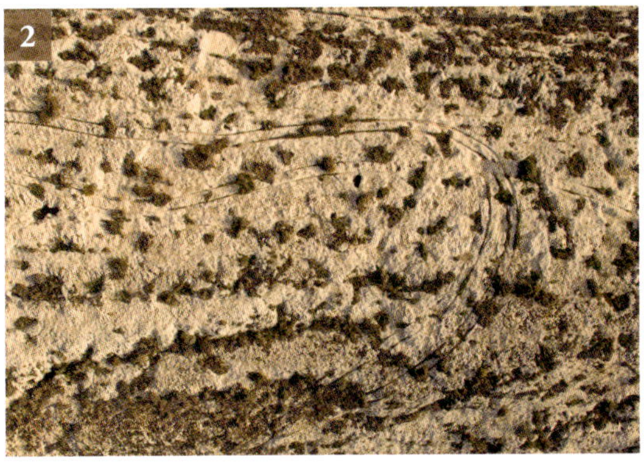

(1) **Bild 8.11** *Das oft in der Literatur erwähnte Areal von San Pawl tat-Tarġa*

(2) **Bild 8.12** *Hier finden wir die ganze Bandbreite an skurrilen und unerklärlichen Eigenschaften der Cart-Ruts. Aus der Vogelperspektive erscheint ein Teil einer Spur wie wegradiert.*

(3) **Bild 8.13** *Solche Zwillingsspuren finden sich relativ selten, außerhalb Maltas sind sie mir nur vom Castellar de Meca in Spanien bekannt.*

(4) **Bild 8.14** *Die „legendäre" Stelle, die schon einmal aufgrund ihrer Unerklärlichkeit als rituelle Abwurfstelle für Lasten interpretiert wurde. Während die rechte Seite der Spur auf Geländehöhe liegt, befindet sich die linke Seite ca. 50 cm tief im Fels.*

Bild 8.16 *Die gewaltigen Klippen von Dingli. Im Hintergrund das Inselchen Filfla*

Nähert man sich dem Areal von Clapham Junction von Süden her, so tauchen einige wenige stark verwitterte Spuren auf. Etliche Meter weiter kommen wir dann zu einem kleineren Höhlensystem mit einer teilweise eingestürzten Höhlendecke, Għar il-Kbir.

Nach Informationen von Thomas Horn, der sich auch mit unserer Thematik beschäftigt, wurden die Höhlenräume bis vor ca. 70 Jahren noch als Wohnunterkünfte genutzt und bis dahin so nach und nach mit Hammer und Meißel erweitert.

Hier fielen mir meterlange Meißelspuren oder Schrämmspuren im Deckenbereich auf und ich fragte mich, wie das kräftetechnisch mit einfachen Werkzeugen bewerkstelligt werden konnte.

Sensibilisiert wurde ich zum Thema Schrämmspuren durch die beiden Bände von Heinrich und Ingrid Kusch zum Thema Erdstallforschung. Diese Thematik ist ebenfalls so interessant wie rätselhaft und widersetzt sich, wie die Cart-Ruts, einer wirklichen Erklärung.

Wie auch immer, laut Aussagen eines ehemaligen englischen Soldaten, den Thomas Horn auf einen seiner zahlreichen Exkursionen auf Malta traf, wurde ein Teil der Höhlendecke in den 1950er-Jahren weggesprengt, um die Bewohner zur Aufgabe ihres Troglodytendaseins zu bewegen.

Bild 8.15 *(links ganzseitig) und* ***Bild 8.17*** *Sehr gut erhaltene Spuren bei San Pawl tat-Tarġa*

Bild 8.18 *(links)* ***Bild 8.19*** *(unten) Diese Spur endet an einer eingestürzten Höhle. Ursache dafür ist einmal nicht die Erosion, sondern in den 1950er-Jahren durchgeführte Sprengungen zur Vertreibung der Höhlenbewohner.*

Bild 8.20 *Meterlange Schrämmspuren im Deckenbereich der Höhle*

Bild 8.21 *Eins von vielen chaotischen Arealen bei Clapham Junction. Ein verkehrstechnischer Sinn ist wieder einmal nicht erkennbar.*

Eine von Südwesten kommende Spur endet am Rande dieses Abbruchs, eine weitere Spur macht um die Senke einen Bogen. ***(Bild 8.18) (Bild 8.19)***

Geht man von diesem kleinen Höhlensystem weiter in Richtung Nordwesten, stößt man nach wenigen Metern auf viele chaotisch verlaufende Cart-Ruts. Wie so üblich, ist keinerlei Sinn erkennbar, es bleibt nur die Möglichkeit, wichtige Details zu dokumentieren. ***(Bild 8.21) (Bild 8.22)***

Wenn wir Clapham Junction in nordöstlicher Richtung verlassen, finden wir nach ungefähr 300 m im Umfeld einer Spur und steinbruchartigen Strukturen mehrere durch Gitter abgedeckte runde Schächte. Die Abdeckungen ergeben durchaus einen Sinn, denn die senkrechten Schächte mit ihren geschmeidig bearbeiteten Wänden und vermutlichen Abzweigungen erscheinen bodenlos tief. Bei drei Schächten habe ich die Tiefe ausgelotet und kam auf ca. 15, 21 und 23 m! Beachtlich auch die Antwort eines maltesischen Archäologen, dass die Schächte noch nicht erforscht wären! Was ich mir nicht wirklich vorstellen kann.

Die Insel Gozo mit ihren schönen Landschaften (und natürlich einigen Arealen mit Cart-Ruts) ist mehr als nur einen Besuch wert. So ging es am nächsten Tag wieder mit der Fähre von Cirkewwa nach Mġarr auf Gozo. Per Bus erreichte ich das Ziel Dwejra bei dem 2016 noch vorhandenen Felsentor Azure Window an der Westküste der Insel (siehe auch Bild 2.28, S. 27).

Oberhalb des Felsentores und eines kleinen Hafens, der durch eine Grotte mit dem Meer verbunden ist, findet sich eine Spur, die dem leicht ansteigenden Gelände folgt und sich nach ca. 150 m aufgrund der fortgeschrittenen Erosion allmählich verliert. ***(Bild 8.23)***

Bild 8.22 *Ohne die Spuren von Clapham Junction gesehen zu haben, ergibt der Besuch von Malta ein nur unvollständiges Bild der Inseln. Ich denke, man sollte dieses Mysterium einmal mit eigenen Augen gesehen haben.*

Bild 8.23 *Dieser kleine See ist durch eine Grotte mit dem Meer verbunden und bietet somit kleinen Booten einen Zugang zum Meer. Ganz oben auf dem Fels ist der sehr schöne gelbe Globigerinenkalkstein zu sehen, in dem sich die Spur befindet.*

***Bild 8.24** (oben) Direkt an einer Bushaltestelle in Birżebbuġa befindet sich diese Spur, die im Meer verschwindet. Und es soll Spuren geben, die sich in einer Tiefe von 70 m unter dem Meeresspiegel befinden, was wieder einmal ein deutlicher Hinweis auf ein sehr hohes Alter ist.*

***Bild 8.25** (links) Anfangs ist diese Spur noch sehr ausgeprägt und gut erhalten, verliert sich aber mit zunehmender Höhe durch intensive Erosion des nicht sehr harten Globigerinenkalksteins.*

***Bild 8.26** So wie unbedingt ein Besuch von Clapham Junction zu empfehlen ist, so auch ein Besuch von Comino mit seinen vielen schönen und zum Baden einladenden Buchten! Bootsfahrten werden von Cirkewwa aus angeboten, leider erst ab 10:00 Uhr, denn die letzte Rückfahrt ist für gewöhnlich schon um 16:00 Uhr und somit hat man nur wenig Zeit zum Wandern und Entspannen.*

Das schöne und vielleicht auch Besondere an dieser Spur ist, dass sie sich in einer sehr schönen gelblichen Schicht des obenliegenden Globigerinenkalksteins befindet. ***(Bild 8.25)***

Eine andere und sehr fotogene Stelle mit diesem gelben Kalkstein konnte ich mir noch auf dem Rückweg in der Nähe von Xlendi anschauen.

Die Sonne stand schon etwas tiefer und tauchte diese Landschaft in ein zauberhaftes Licht.

Bei meinem ersten Urlaub auf Malta wartete ich nach dem Besuch der Höhle Għar Dalam direkt am Meer in Birżebbuġa auf den Bus. Und ich hatte keine Ahnung, dass sich nur ein paar Meter weiter eine Spur befindet, die ins Meer hinein verläuft!

Nach dem Tag auf Gozo holte ich das damals Versäumte nach und fotografierte diese Spur, die tatsächlich im Meer verschwindet. Ich denke, dass es drei Möglichkeiten einer Erklärung gibt: Entweder stieg nach dem Entstehen der Spur der Meeresspiegel deutlich an (es soll Spuren geben, die sich in einer Tiefe von 70 m unter dem Meeresspiegel befinden) oder das Land senkte sich durch tektonische Prozesse. Die dritte Variante wäre eine Kombination aus beiden Vorgängen. ***(Bild 8.24)***

An dieser Stelle möchte ich noch auf eine kleine Felsenklippe im Meer hinweisen: Das kleine Inselchen Filfla, circa 5 km südlich der Hauptinsel Malta. Hier soll es vor vielen Jahren auch Cart-Ruts gegeben haben, die aber im Rahmen von Übungsflügen des Militärs weggebombt worden sind. Vermutlich mit dem Ziel, „den Frieden zu erhalten".

In den folgenden Tagen standen noch einige andere Areale mit unseren Spuren auf dem Programm, aber natürlich wurde nicht nur „gearbeitet", sondern auch entspannt. So zum Beispiel auf Comino. ***(Bild 8.26)***

Erwähnenswert ist auf alle Fälle noch ein Areal mit einigen interessanten Spuren auf einer Klippe: die Cart-Ruts von Ta' San Gakbu. ***(Bild 8.27)***

Eine dieser Spuren führt über eine Klippe ins Leere, es folgt ein ca. 70 m tiefes und ca. 700 m breites Tal. Es stellt sich die Frage, was hier geologisch passiert ist und wie viel Zeit die Erosion für das Entstehen des Tales benötigt hat.

Im Kapitel 10 ab S. 116 wird es noch einmal um diese und andere Spuren gehen, die an einigen Klippen im Nebel der Vergangenheit verschwinden.

Bild 8.27 *Hier auf den Klippen von Ta' San Gakbu verschwindet wieder einmal eine Spur im Dunste der Vergangenheit.*

Bild 8.28 *und* ***Bild 8.29*** *Vergleichen Sie diese Spuren mit den versteinerten Saurierspuren in den französischen Cevennen, die 190 Millionen Jahre alt sein sollen (siehe Bild 10.2, S. 118).*

Auch findet sich hier die Spur, die der „Römerstraße" Via Domitia bei Narbonne in Frankreich auf den Zentimeter gleicht (siehe Kapitel 7, Bild 7.1, S. 76 f.).

In der zweiten Woche habe ich noch verschiedene Exkursionen zu einigen Arealen unternommen und es würde vermutlich den Rahmen dieses Buches sprengen, jede besuchte Spur hier aufzulisten. Der interessierte Reisende kann die Spurensuche mit in seine Wanderungen einfügen, im Netz (nicht in Reiseführern!) finden sich genügend Informationen über die Lage aller Areale. Es sei noch erwähnt, dass ich in diesen Tagen im Raum Bahrija, Nadur Tower, Laferla Cross und in San Gwann unterwegs war.

Auf Malta finden sich viele verschiedene Spurbreiten, gelegentlich finden wir auch das Maß von 1,42 m, das immer wieder einmal bei verschiedenen Arealen auftaucht, von Frankreich bis Kappadokien.

Im Umfeld von Mellieha, Ghadira und Biskra finden sich einige Areale, von denen die bei Ghadira mich am meisten beeindruckt haben. Nicht weil sie so gut erhalten waren, sondern genau aus dem gegenteiligen Grund: Die Erosion hat ordentliche Arbeit geleistet, an vielen Stellen sind nur noch Fragmente zu sehen und ein Areal, das auf Google Earth kaum noch zu erkennen ist, habe ich im oberflächlich stark erodierten Gelände gar nicht mehr ausmachen können. ***(Bild 8.28) (Bild 8.29)***

Dennoch machte das Kalksteinmassiv an sich keinen bröseligen oder instabilen Eindruck, sondern erinnerte mich an schon oft gesehenen kompakten und festen Kalkstein, wie er oft in Karstmassiven zu finden ist.

Ich musste sofort an die teilweise besser erhaltenen Saurierspuren aus den französischen Cevennen denken, denen ein Alter von ungefähr 190 Millionen Jahren nachgesagt wird!

Zum Abschluss der wieder sehr schönen Zeit auf den maltesischen Inseln suchte ich noch eine Spur in der Nähe meines Hotels in Xemxija auf. Circa 30 Minuten Fußweg weit vom am Meer gelegenen Hotel befindet sich auf einer Länge von ungefähr 40 m eine sehr gut erhaltene und beeindruckende Spur. Wie immer finden sich aber keine Hinweise auf Zugtiere. In Richtung Westen endet die Spur abrupt, der Kalkstein ist großflächig verschwunden und mit ihm die Spur. ***(Bild 8.30)***

Bild 8.30 *Am nördlichen Stadtrand von Xemxija findet sich diese gut erhaltene Spur.*

Bild 9.1 Unterwegs in den weißen Bergen Sardiniens

Kapitel 9

Unterwegs auf Sardinien und Sizilien

„Reisen veredelt den Geist und räumt mit unseren Vorurteilen auf.“

Oscar Wilde

Ein schöner Nebeneffekt bei der Spurensuche ist der, dass die Landschaften, die die Spuren beherbergen, oft sehr interessant und von einer besonderen Schönheit geprägt sind.

Ähnliches ist mir auch bei Aufenthaltsorten von Cro-Magnon-Menschen und Neandertalern aufgefallen; man hatte bereits damals einen guten Geschmack und richtete sich nicht nur an praktischen, sondern auch an schönen Orten ein.

2017 unternahmen meine Tochter, ihr Freund und ich eine sehr schöne Reise nach Sardinien.

Diese Insel hat neben einer interessanten Geschichte viele verschiedene Landschaften zu bieten: Wir sahen wildromantische Granitlandschaften mit kleinen zum Baden und Schnorcheln einladenden Buchten, wir querten Landschaften vulkanischen Ursprungs, waren unterwegs in grandiosen Karstgebieten und entspannten auf von Grotten gesäumten Sandstränden. Und hin und wieder fanden sich sogar Cart-Ruts ...

Für den Touristen eine paradiesische Insel mit freundlichen Bewohnern. Wichtig wäre zu erwähnen, dass wir das Glück hatten, im Oktober und damit außerhalb der Hochsaison unterwegs gewesen zu sein. Wie immer ist dies sehr zu empfehlen.

Nach einer schönen und entspannten Reise über die Alpen und einer Übernachtung kurz vor Bellinzona fuhren wir nach Livorno, nicht aber ohne Pisa mit seinen Sehenswürdigkeiten einen Besuch abgestattet zu haben.

Am Abend ging es dann mit der Fähre in Richtung Olbia auf Sardinien und am frühen Morgen waren wir dann schon gegen 7 Uhr auf der Insel.

Bild 9.2 *Interessante, stark verwitterte Granitfelsen am Capo d'Orso (© Denis Benetas)*

Nach zwei Tagen der Entspannung in schönen, zum Baden einladenden Buchten und nach einigen kleineren Wanderungen ging unsere Reise von der Nordküste allmählich in Richtung Süden und die ersten Spuren standen auf dem Reiseprogramm. ***(Bild 9.2) (Bild 9.3)***

Das größte Areal mit Cart-Ruts befindet sich einige wenige Kilometer südöstlich von Porto Torres, gleich neben der Hauptstraße nach Sassari.

Es trägt den Namen Su Crucifissu Mannu und wird dem Touristen, wenn überhaupt, als Areal mit einigen Nekropolen, also Begräbnisstätten, empfohlen. ***(Bild 9.4)***

Betrachten wir aber dieses Gebiet genauer, werden wir feststellen, dass es natürlich einige und auch gut erhaltene Nekropolen gibt, aber von der Quantität und auch von der Qualität her betrachtet überwiegen eindeutig die Cart-Ruts. ***(Bild 9.5)***

Der nördliche Bereich erinnert wie Clapham Junction auf Malta an einen Rangierbahnhof, es finden sich viele chaotische und nicht nachvollziehbare Spurenverläufe, im südlichen Bereich gibt es deutlich weniger, aber dafür verfolgbare Spuren, die an einigen Stellen von den Nekropolen unterbrochen werden (siehe Bild 1.7, S. 10).

Das bedeutet natürlich sofort, dass die Spuren älter als die in den Fels eingebrachten unterirdischen Grabanlagen sind. Die Nekropolen werden in das 4. Jahrtausend vor Christus datiert und sind somit ca. 6.000 Jahre alt.

Bild 9.3 *Ganz im Norden, am Punto Falcone, gibt es in wilden Granitlandschaften viele einsame Buchten zum Baden und Schnorcheln. (© Denis Benetas)*

Bild 9.4 *Symbolische Stierdarstellungen in einer Nekropole von Su Crucifissu Mannu*

Bild 9.5 *Der südliche Bereich von Su Crucifissu Mannu. Auffällig sind die Nekropolen, die in den Kalkstein mit den bereits existierenden Cart-Ruts eingearbeitet worden sind.*

Das Erscheinungsbild der Cart-Ruts ist nicht mehr oder weniger ungewöhnlich als an vielen anderen Stellen im Mittelmeerraum, sie erinnern durchaus an Spuren auf Malta, Spanien oder Frankreich. ***(Bild 9.7)***

Eine Spurbreite auf diesem Areal beträgt 1,24 m. Was das größere, an einen Rangierbahnhof erinnernde Areal betrifft, so lässt sich erneut feststellen, dass ein wirklicher und verkehrstechnischer Sinn zumindest auf den ersten Blick nicht erkennbar ist. Möglich, dass sich uns nach Ausgrabungen und genauen Kartierungen diesbezüglich etwas offenbaren würde, aber dazu müsste seitens der Archäologie Interesse am Thema bestehen und natürlich auch das nötige Geld vorhanden sein. ***(Bild 9.8) (Bild 9.9)***

Unweit von Su Crucifissu Mannu, circa 2,3 km südlich entfernt, befindet sich ein prähistorisches Bauwerk, das an eine Stufenpyramide erinnert, der Monte d'Accoddi, die einen Besuch wert ist (siehe Bild 1.3, S. 8).

Laut Wikipedia kann man von einem Alter von vielleicht 5.000 Jahren ausgehen, erste Besiedlungsspuren sollen über 6.200 Jahre alt sein.

Hier befindet sich neben einem Dolmen ein eiförmiger Stein mit rundlich eingebrachten Vertiefungen, die an ähnliche Bearbeitungsspuren eines Dolmens in Deutschland erinnern. ***(Bild 9.10–9.12)***

Etwas weiter im Süden, bei Villa Sant'Antonio und so ziemlich in der Mitte von Sardinien, befindet sich eine längere Spur und einige andere kürzere Abschnitte. Von Westen aus betrachtet, beginnt die über eine längere Strecke verfolgbare Spur im Kalkstein und nach einem kleineren Anstieg geht es in Tuffablagerungen weiter. ***(Bild 9.13) (Bild 9.14)***

Nach einem Bogen stoßen wir dann auf weitere, sich hin und wieder verzweigende Spurfragmente. ***(Bild 9.15–9.17)***

Bild 9.6 *(links) und* ***Bild 9.7*** *(unten) Cart-Ruts im südlichen Areal. Hier werden die Spuren an einigen Stellen von Nekropolen unterbrochen.*

Bild 9.8 *(oben) Zahlreiche Spuren im nördlichen Bereich von Su Crucifissu Mannu*
Bild 9.9 *(links) Eine weitere Spur im nördlichen Bereich. Gleich links daneben befindet sich die Nekropole mit den symbolischen Stierdarstellungen (siehe Bild 9.4, S. 101).*

1

4

2

3

5

(1) ***Bild 9.10*** *Diese rundlichen Vertiefungen erinnern stark an ein Detail eines Dolmens bei Qualitz in Deutschland. (2)* ***Bild 9.11*** *Ein Stein des Dolmens bei Qualitz mit ähnlichen Vertiefungen (3)* ***Bild 9.12*** *Ein Dolmen direkt neben dem Monte d'Accoddi (4)* ***Bild 9.13*** *1,5 km nördlich von Villa Sant'Antonio beginnt eine Spur, die sich über eine längere Strecke verfolgen lässt (5)* ***Bild 9.14*** *Trittspuren vermeintlicher Zugtiere sind wie immer nicht zu finden.*

(1) ***Bild 9.15*** *Eine von mehreren Spuren im östlichen Teil des Areals bei Villa Sant'Antonio*

(2) ***Bild 9.16*** *Diese Spur im Detail*

(3) ***Bild 9.17*** *Der östliche Bereich mit mehreren Spuren*

(4) ***Bild 9.18*** *Einen Kilometer südlich von Villa Sant'Antonio finden sich im Tuff eingearbeitete Nekropolen, die Necropoli di Genna Salixi*

(5) ***Bild 9.19*** *Madau, eine nuraghische Nekropole der Bronzezeit, 9 km südlich von Orgosolo. Aus der Vogelperspektive betrachtet, ähnelt der Grundriss der symbolischen Stierdarstellung in einer Nekropole von Su Crucifissu Manu (siehe Bild 9.4, S. 101).*

Bild 9.20 *In der Nachbarschaft der Cart-Ruts findet sich der nicht zu übersehende Menhir di Monte Corru Tundu. Auffällig ist seine geglättete Oberfläche (siehe auch Bilder 6.27–6.32, S. 70 ff.).*

Bild 9.21 *Unterwegs in den weißen Bergen Sardiniens*

Bild 9.22 *Eine beeindruckende Schlucht in den Kalksteinmassiven südlich des Ortes Orosei, die Gola di Gorropu*

Bild 9.23 *Um diese Bucht zu erreichen, hat man einige Kilometer an Stolperwegen zu bewältigen. Aber die Cala Luna ist es wert. (© Denis Benetas)*

Bild 9.24 *Abendstimmung bei Olbia, kurz vor der Überfahrt nach Livorno*

Bekannt ist mir von Sardinien noch ein drittes Areal mit einer Spur, und zwar im Südwesten am Monte Sirai bei Carbonia, das wir aus zeitlichen Gründen nicht mehr besuchen konnten, da wir auch noch einige Landschaften auf der Ostseite dieser schönen Insel erkunden wollten. ***(Bild 9.21–9.24)***

Einen Ort, der es mir sehr angetan hat, möchte ich noch unbedingt empfehlen: Orgosolo, das für seine Graffitis oder, besser ausgedrückt, für seine Wandgemälde bekannt ist. Man ist politisch sehr interessiert und aufmerksam und teilte dies mit viel Handwerkskunst den Besuchern und Einheimischen mit. Einige Bilder haben mich durchaus an Picasso erinnert. ***(Bild 9.25–9.32)***

Genau ein Jahr später, im Oktober 2018, stand wieder eine zu Italien gehörende Insel auf dem Reiseprogramm: Sizilien. Der Flug brachte mich nach Catania und mit dem Mietwagen ging es in eine schöne Unterkunft in Fontane Bianche bei Syrakus.

Der Grund für diese Reise waren im Netz entdeckte Spuren im Großraum Syrakus und bei Agrigent. Aber wie immer war auch genügend Zeit, um andere kulturelle Sehenswürdigkeiten zu besuchen und um die interessanten Landschaften zu genießen.

1

2

3

4

5

6

7

8

(1) *Bild 9.25,* (2) *Bild 9.26,* (3) *Bild 9.27,* (4) *Bild 9.28,* (5) *Bild 9.29,* (6) *Bild 9.30,* (7) *Bild 9.31 und* (8) *Bild 9.32*

(1) ***Bild 9.33*** *In den Bergen westlich von Syrakus befinden sich viele Areale mit Grabgewölben im Fels, die Necropoli di Pantalica. Über 5.000 dieser Kammergräber gibt es in den stark verkarsteten Bergen, die vom 13. Jahrhundert v. Ch. bis zum 8. Jahrhundert v. Ch. genutzt wurden.*

(2) ***Bild 9.34*** *In einigen Gewölben der Necropoli di Pantalica sind noch Wandgemälde zu bestaunen.*

(3) ***Bild 9.35*** *Die zum Wandern einladende Schlucht Cava Grande del Cassibile befindet sich westlich von Fontane Bianche.*

(4) ***Bild 9.36*** *Auch hier in der Schlucht finden sich im Felsen Zeugnisse aus der Vergangenheit.*

Wie so oft am Mittelmeer bestimmen große Kalksteinmassive mit grandiosen Schluchten das Landschaftsbild und für alle, die gerne wandern, ist Sizilien auch eine gute Empfehlung. Hinzu kommt natürlich die abwechslungsreiche Geschichte dieser größten Insel im Mittelmeer. ***(Bild 9.33–9.36)***

Nachdem mir bekannt wurde, dass es im Raum Syrakus Spuren gibt, verbrachte ich wieder einige Zeit am Rechner, um auf Google Earth die Lage zu erkunden. Und erstaunlicherweise endeckte ich im Norden, kurz vor dem Meer, ein größeres Areal, das in der „Cart-Ruts-Szene" noch nicht bekannt war, obwohl dort so viele Spuren zu finden sind, dass sie schon an einen kleineren Rangierbahnhof erinnern. ***(Bild 9.37–9.40)***

In Syrakus selbst befindet sich ein großes archäologisches Areal mit vielen Sehenswürdigkeiten, der Parco Archeologico, der sich zu besichtigen lohnt. ***(Bild 9.41) (Bild 9.42)***

Der östliche Teil davon ist vermutlich schon seit Jahren für Besucher gesperrt, als Grund werden instabile Felsen angegeben.

Auf den Eintrittspreis hat dies leider keine Auswirkungen und Bemühungen, die Probleme zu beseitigen, konnte ich nicht erkennen. Schade, denn gerade hier finden sich sehr viele Cart-Ruts. Zum Glück lassen sich einige Spuren durch den Zaun beobachten und mit einigen Verrenkungen auch relativ gut fotografieren. Trotzdem wäre ich gerne in diesem Areal unterwegs gewesen. Schade! ***(Bild 9.43–9.49)***

Auf Google Earth finden sich weitere Stellen mit nicht vom Zaun aus zu beobachtenden Spuren und einige davon scheinen von denen im 6. Jahrhundert v. Ch. angelegten Steinbrüchen abgeschnitten worden zu sein.

Für erwähnenswert halte ich, dass das Verwenden von Stativen zum Filmen oder Fotografieren nicht erlaubt ist. Selbst ein 30 cm kleines Gimbal (ein Stativ, das ruckelnde Bewegungen ausgleicht) mit einer Action-Cam in der Größe einer Streichholzschachtel, die ich mal kurz abstellte, sorgte schon für Ärger.

Etwas westlich von Syrakus finden sich im verkarsteten Gelände ebenfalls einige Areale mit mehreren oder einzelnen Spuren. ***(Bild 9.51–9.53)***

(5) ***Bild 9.37*** *und* (6) ***Bild 9.38*** *Ein kleinerer „Rangierbahnhof" am nördlichen Stadtrand von Syrakus, gleich rechts neben der Straße in Richtung Priolo Gargallo* (7) ***Bild 9.39*** *und* (8) ***Bild 9.40*** *Detailaufnahme des „Rangierbahnhofs"* (9) ***Bild 9.41*** *Mit Archimedes, der weltweit bekannt ist, werden Touristen angelockt. Leider ist ein großer und interessanter Teil des Parco Archeologico dem Besucher nicht zugänglich.* (10) ***Bild 9.42*** *Das griechische Theater im Parco Archeologico Syrakus*

(1) ***Bild 9.43*** *Der interessante östliche Teil des Parco Archeologico ist leider nur durch einen stabilen Eisenzaun zu betrachten.*

(2) ***Bild 9.44*** *Angeblich soll sich hier irgendwo das Grab von Archimedes befinden.*

(3) ***Bild 9.45*** *und* (4) ***Bild 9.46*** *Durch Felsbearbeitungen abgeschnittene Cart-Ruts. Ob sich schon Archimedes über die bereits vorhandenen Spuren Gedanken gemacht hat?*

(5) ***Bild 9.47*** *Eine einmalige Spur an der Nordseite des gesperrten Areals! An Ketten erinnernde Abdrücke an der linken und rechten Seite*

(6) ***Bild 9.48*** *und* (7) ***Bild 9.49*** *Weitere Spuren an der Nordseite des abgesperrten Parco Archeologico*

Bild 9.50 *Oberhalb des griechischen Theaters gibt es eine merkwürdige Doppelspur, die sich aufgrund einer Absperrung nicht weiter verfolgen lässt.*

Bild 9.51 *(links)* **Bild 9.52** *(oben)* **Bild 9.53** *(unten) Weitere Spuren westlich von Syrakus*

***Bild 9.54** Das „Tal der Tempel“ bei Agrigent. Zu sehen ist der Tempio di Concordia und die nördliche Abbruchkante, an der einige Cart-Ruts im Nichts verschwinden.*

***Bild 9.55** Eine moderne Statue neben dem Tempio di Concordia, der um 425 v. Chr. von den Griechen erbaut worden ist und einer der am besten erhaltenen Tempel Siziliens ist.*

Die weiteste Exkursion auf der Insel führte mich nach Agrigent, an der Südküste gelegen.

Bereits auf Google Earth sind bei den archäologischen Stätten südlich des Ortes beeindruckende Felsengeleise zu sehen.

Auf Wikipedia ist zu lesen: *„Der Archäologie- und Landschaftspark, Tal der Tempel‘ (Parco Archaeologico e Paesaggistico della Valle dei Templi di Agrigento, kurz Parco Valle dei Templi Agrigento) enthält die bedeutendsten Überreste des alten Akragas, die Reihe der Tempel entlang der südlichen Stadtmauer. Auch das noch vor die griechische Besiedlung zurückreichende Heiligtum der chthonischen Gottheiten ist dort eingeschlossen.“*[9] ***(Bild 9.54) (Bild 9.55)***

Als ich vor Ort die Spuren gesehen habe, habe ich nur noch gestaunt, denn solche riesigen Cart-Ruts habe ich zuvor noch nie gesehen. Auf diese Spuren bin ich durch einen Hinweis eines Geologen aufmerksam geworden, den ich gebeten hatte, bei Gelegenheit mit mir die geomorphologische Komponente der Cart-Ruts zu erörtern.

Leider bestand von seiner Seite aus kein Interesse. Die Antwort lautete, die Archäologen wüssten doch bereits alles und es gäbe keine ungeklärten Fragen. Dass ein Geologe beim Betrachten dieser Spuren nicht stutzig und neugierig wird, ist mir wieder einmal ein Rätsel ... (siehe Bild 9.58 S. 114)

Im Umfeld einiger Tempel finden sich, soweit ich entdecken konnte, vier Areale mit den Spuren.

Entgegen der Bezeichnung „Tal der Tempel“ befinden sich die Tempel und die Cart-Ruts auf einem leicht geneigten Plateau und wir können hier wieder beobachten, dass an einigen Stellen die Spuren über den Klippen im Nichts verschwinden! ***(Bild 9.56)***

Gleiches habe ich schon auf Malta, in Frankreich und in Spanien gesehen. Die Erosion hat also offensichtlich bereits einen Teil des Plateaus verschwinden lassen. Warum werden diese Fakten von der Fachwelt ignoriert?

9 https://de.wikipedia.org/wiki/Arch%C3%A4ologische_St%C3%A4tten_von_Agrigent, 29. April 2021

***Bild 9.56** In der Nähe des Tempio di Juno Lacinia befindet sich diese gewaltige Spur, die am Felsrand verschwindet.*

Hier muss es doch vermutlich um ganz andere Zeiträume gehen, als wir es in der Schule gelernt haben. ***(Bild 9.57)***

***Bild 9.57** Eine weitere Spur im Westen des Parco Archeologico, die in Richtung Abbruchkante führt*

Eine andere merkwürdige Eigenschaft einer dortigen großen Spur (ebenso auf Castellar de Meca zu sehen) ist die, dass ein paar Meter weiter aus einer gewaltigen Spur unvermittelt eine sehr schmale und unauffällige Spur wird. Leider wird mir dadurch wieder einmal mehr bewusst, dass wir von dieser ganzen Geschichte nicht wirklich etwas verstanden haben. ***(Bild 9.58) (Bild 9.59)***

Nichts, aber auch gar nichts, erscheint irgendeinen Sinn zu ergeben.

Besucht man Sizilien, so sollte natürlich auch eine Landschaft besucht werden, die zur Abwechslung einmal nicht aus Kalksteinmassiven besteht.

Nördlich von Catania fordert der dampfende Ätna einen Besuch geradewegs heraus. Die Region ist touristisch gut aufgestellt und dank einer Seilbahn und kleinen geländegängigen Bussen kann man auch in kurzer Zeit interessante und für uns fremdartige Landschaften sehen und bewandern. ***(Bild 9.61)***

Bild 9.58 *Eine weitere gewaltige Spur auf dem Parco Archeologico bei Agrigent*

Dieser Ausflug war ein schöner Abschluss meiner Sizilienreise, und ich denke, es wird nicht die letzte Reise auf diese schöne Insel gewesen sein.

Der am Meer gelegene Ort Fontana Bianche mit seinen schönen Ferienunterkünften ist zu empfehlen, er liegt nicht weit von Syrakus entfernt und besitzt auch einen Bahnhof, um das Auto auch einmal stehen lassen zu können. ***(Bild 9.60)***

Bild 9.59 *Der weitere Verlauf dieser großen und gewaltigen Spur zeigt unvermittelt eine bescheidene und unspektakuläre Spur.*

Bild 9.60 *Nördöstlich von Fontane Bianche, an der Landstraße gelegen, gibt es einen sehenswerten Park mit vielen Kakteen und Sukkulenten.*

Bild 9.61 *Im Hintergrund der dampfende Gipfel das Ätna. Er selbst ist nicht zu bewandern, aber einige Wanderwege führen an einigen der zahlreich vorhandenen Nebenkrater entlang.*

Bild 10.1 *Wohin führte diese Spur auf dem Plateau Qala il-Pellegrin, 106 m über dem Meer?*

Kapitel 10

Weitere Eigenschaften der Cart-Ruts und Gedanken über ihre mögliche Entstehung

„Das Beste, was wir erfahren können, ist das Mysteriöse.“

Albert Einstein

Wie schrieb schon David H. Trump: *„Definitive Lösungen scheinen so weit weg wie eh und je.“*[10]
Und auch ich muss gestehen, dass ich keine vernünftige und in sich schlüssige Erklärung anbieten kann. Wäre es so einfach, würde es vermutlich auch dieses Buch nicht geben.

Wie schon im Kapitel 7 ab S. 76 an einigen Beispielen gezeigt, weisen die Felsengeleise vielfältige und zum Teil sehr skurrile Eigenschaften auf, die den gesunden Menschenverstand arg strapazieren. Die mittlerweile vielen Informationen ergeben kein Bild, nicht einmal ansatzweise.

Die Spuren, deren Entstehung ich mir anfangs noch am leichtesten vorstellen konnte, befinden sich in Westanatolien und in Kappadokien. In diesen Regionen gibt es riesige Ablagerungen aus Tuff, in denen unglaublich viele Fahrzeugspuren zu finden sind.

Dort sieht es definitiv nicht nach sorgfältiger und durchdachter Verkehrswegeplanung aus, sondern vielmehr so, als hätten Offroad-Enthusiasten mit ihren Jeeps oder anderen, sehr geländegängigen Fahrzeugen die ehemals noch mehr oder weniger lockeren Tuffablagerungen durchpflügt.

So damals ein erster Gedanke. Dagegen sprachen dann allerdings später, wie bereits schon erwähnt, diverse Schleif- und Kratzspuren links und rechts der Spuren. Also müssten die Ablagerungen sich wohl schon etwas verfestigt haben, um die Schleifspuren erklären zu können.

Ich behaupte nicht, dass diese Spuren durch Offroad-Enthusiasten entstanden sind, aber dieser Gedanke drängt sich unweigerlich auf, wenn man diese Spuren vor Ort sieht!

Die wie auch immer entstandenen Spuren verfestigten sich allmählich weiter und wurden von Ablagerungen bedeckt, später dann wurden sie im Laufe der Zeit teilweise wieder freigelegt.

Einige Spuren sind stark erodiert, kaum noch vorhanden, andere Areale sind noch von Sedimenten bedeckt, aber ein großer Teil ist gut zu sehen und sehr gut erhalten.

Das Problem bei diesem möglichen Szenario ist aber das Alter der Tuffablagerungen, denn die ehemaligen Vulkane in diesen Regionen waren vor vielen Millionen Jahren aktiv!

Wie bereits im Kapitel 4, S. 48, erwähnt, stammen die Spuren laut Alexander Koltypin genau aus dieser Epoche der Erdgeschichte, dem Neogen.

---

10 David H. Trump: Cart-Ruts and their impact on the Maltese landscape, Heritage Books, Malta 2008, S. 3

Bild 10.2 *Sehr gut erhaltene Saurierspuren bei Saint-Laurent-de-Trèves in den Cevennen/Frankreich*

Somit können die Spuren 6–15 Millionen Jahre alt sein!

Nach dem, was wir in der Schule gelernt haben, ist diese Datierung zur Entstehung der dortigen Spuren natürlich starker Tobak, aber wir können uns die Fakten nicht aussuchen, das Erscheinungsbild dieser anatolischen Spuren ist, wie es ist!

Weiterhin sei anzumerken, dass ca. 190 Millionen Jahre alte versteinerte Saurierspuren im Kalkstein, wie in den Cevennen in Südfrankreich, nicht schlechter oder sogar besser erhalten sind als einige Cart-Ruts. ***(Bild 10.2)***

Oft habe ich sogar Fragmente von Cart-Ruts im Kalkstein gesehen, die von der Erosion schon fast beseitigt waren (siehe auch Bild 8.28 und 8.29, S. 96).

Über die gewaltigen Areale mit Spuren in Kappadokien konnte ich mich im Herbst 2019 mit einer nicht unbekannten türkischen Archäologin unterhalten. Ich fand den Gedanken sehr spannend, diese Thematik mit einer studierten und erfahrenen Archäologin erörtern zu können und nahm einige Kilometer Reise auf mich. Nachdem ich ihr zwei oder drei Bilder der gigantischen Areale bei Kayseri gezeigt hatte, unterbrach sie mich sofort und erklärte, dass dies die Spuren von Steinbrucharbeiten seien, damit beschäftige sich niemand mehr, es wäre doch alles klar!

Ich war einigermaßen perplex und versuchte, den Blick auf Ungereimtheiten zu lenken, aber die verblüffende und sehr bestimmte Antwort lautete, ich solle nicht nach links oder rechts schauen, es wären nun einmal Steinbrüche gewesen und damit basta! Und somit war das Gespräch beendet ...

Mein Erstaunen über so viel Ignoranz, trotz der vielen Fakten, die ich zu bieten hatte, war schon sehr groß und ich fuhr sehr enttäuscht nach Hause. Und leider war dies nicht die einzige unbefriedigende Erfahrung mit professionellen Archäologen.

Jahre zuvor, nach der beeindruckenden Exkursion nach Westanatolien, konnte ich mich mit einem Archäologen des DAI (Deutsches Archäologisches Institut) Istanbul per Mail über die dortigen Spuren austauschen. Er beschrieb, dass er auch staunend vor den Spuren gestanden war, ging aber von der üblichen These aus, dass Ochsenkarren zum Steintransport die Spuren im Laufe der Zeit geschaffen hatten.

Ich konnte ihm einige Fakten präsentieren, die ihn dann tatsächlich an der Geschichte mit den Ochsenkarren zweifeln ließ. Dafür folgte die Idee, dass vielleicht schwere, im Winter beladene Schlitten für die oft metertiefen Spuren im Tuff verantwortlich sein könnten. Aber auch mit dieser Theorie konnte ich mich auf gar keinen Fall anfreunden, denn wer kommt schon auf die Idee, schwere Schlitten in Richtung Steinklippen zu schieben, um vielleicht in einigen Wochen oder gar Monaten eventuell mal einen Durchbruch durch die steinernen Hindernisse zu schaffen. Und damit war der Briefverkehr leider beendet.

Das Gelände dort ist viel zu stark erodiert und zerklüftet, ich käme nicht auf die Idee, dort umherzufahren, jegliches Gefährt, ob im Sommer oder Winter, würde zu Bruch gehen.

Und wir haben im Kapitel 3, S. 35, gesehen, dass oft große Unterschiede in der Höhe zwischen linker und rechter Spur existieren, bei aber nahezu horizontaler Ausrichtung der linken und rechten Spurbasis.

Es stellt sich die Frage nach den technischen Besonderheiten der mutmaßlichen Fahrzeuge. Im offenen Gelände wäre eine eventuelle Schieflage sicherlich kein Problem, aber fahren Sie einmal mit einem Jeep in die „verrückte" Stelle von Bayramaliler mit ihren senkrechten Seitenwänden, das wird im wahrsten Sinne des Wortes „schief" gehen und ein ordentlicher Blechschaden wäre das Mindeste, was passieren würde.

In der Schweiz gibt es einen Hersteller für extrem geländegängige Fahrzeuge, die in der Lage sind, die linken bzw. rechten Räder höhentechnisch dem Gelände anzupassen. Diese Fahrzeuge könnten in solchen Spuren fahren (dass es heutzutage von der Spurbreite her funktioniert, glaube ich weniger und wäre sicherlich Zufall, aber das Prinzip der unabhängig voneinander einstellbaren Höhen der linken und der rechten Räder lässt die Entstehung der anatolischen Spuren verstehen) und bestimmt würden sie ähnliche Spuren wie die in Westanatolien hinterlassen. Leider konnte ich die Firma nicht dazu bewegen, ein Bild eines solchen Fahrzeuges für dieses Buch zur Verfügung zu stellen. ***(siehe Grafik)***

Beim Sichten der vielen Fotos zu Hause fiel mir bei der „verrückten" Stelle von Bayramaliler ein sehr verblüffendes und interessantes Detail auf, das mir leider vor Ort entgangen war: In den senkrechten und abgeschabten Tuffsteinwänden finden sich eingeschlossene Steine, die bei der Entstehung der Engstelle nicht aus den Wänden gerissen worden bzw. nicht zerstört worden sind. Was könnte die Erklärung dafür sein? Möglich wäre, dass die Wände im Laufe der Zeit erodierten und somit die Steine zum Vorschein kamen.

Wie so oft wünscht man sich einen zweiten Besuch, um aufgekommene Fragen noch einmal untersuchen zu können. ***(Bild 10.3) (Bild 10.4)***

Um noch ein weiteres Mal auf die Steinbruchtheorie zu kommen: Nach der Reise nach Kappadokien und den dort gesammelten Erfahrungen habe ich erneut die Satellitenbilder untersucht und Spuren entdeckt, die sich mit gelegentlichen Unterbrechungen weit über 10 Kilometer verfolgen ließen.

Solch große Entfernungen waren mir bis dahin nicht bekannt und ich denke, dass dies ein weiteres Indiz gegen die Steinbruchthese der türkischen Archäologin ist.

Auch sind mir weit und breit keine Bauten bekannt, die diese theoretisch riesigen Mengen an Baumaterial beinhalten würden.

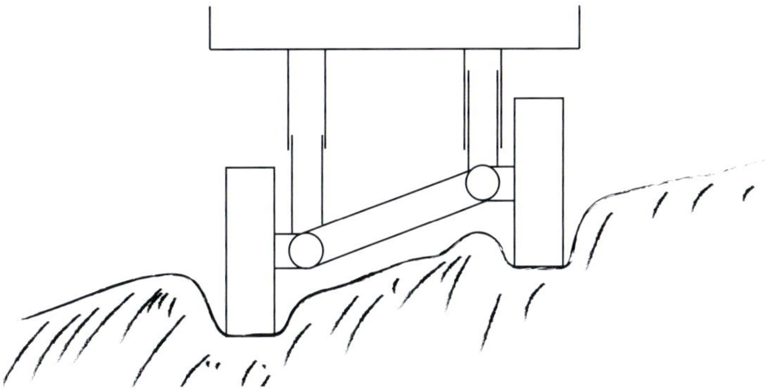

Einige Spuren in Westanatolien erscheinen so, als wären extrem geländegängige Fahrzeuge unterwegs gewesen, mit der Möglichkeit, die linken bzw. rechten Räder dem Gelände anzupassen.

***Bild 10.3** (oben) und **10.4** (unten) In dieser Engstelle bei Bayramaliler ragen aus den Seitenwänden noch vorhandene und nicht zerstörte Steine heraus. Hat dies mit der Erosion der Seitenwände zu tun?*

Bild 10.5 *Hier in Kayseri Nord finden sich tatsächlich Spuren des Abbaues von Tuffstein.*

Bild 10.6 *Diese Spuren auf Malta, bei Ta' San Gakbu, führen in Richtung eines 700 m breiten und 70 m tiefen Tals.*

Aber das für mich wichtigste Argument gegen die Theorie der Steinbrüche ist schlicht und einfach die Tatsache, dass es in ebenen Landschaften keine Steine zum Brechen gibt! Geht man in die Tiefe, wäre natürlich Material zum Abbau vorhanden, was auch hin und wieder zu sehen war, aber dies ist nur in einem sehr geringen Umfang erfolgt. ***(Bild 10.5)***

Was die Erosion und das den Archäologen vermutlich unliebsame hohe Alter der Spuren betrifft, so finden sich hin und wieder Spuren, die an Böschungen und Klippen im Nichts verschwinden. Zum Beispiel auf Malta, bei Ta' San Gakbu, führt eine Spur über eine Klippe ins Leere, es folgt ein ca. 70 m tiefes und ca. 700 m breites Tal. Um welche geologischen Zeiträume geht es hier? ***(Bild 10.6)***

Eine andere bemerkenswerte Spur auf der Insel, die ebenfalls im Nebel der Vergangenheit verschwindet, konnte ich 2019 auf dem sich ca. 106 m über dem Meeresspiegel befindenden Plateau Qala il-Pellegrin fotografieren ***(Bild 10.1)***.

Im Kapitel 8 ist eine Spur beschrieben, die in Birżebbuġa, ebenfalls Malta, im Meer verschwindet (siehe Bild 8.24, S. 94).

Und hier in Spanien, auf einem Sandsteinplateau bei Caspe, verschwinden die Spuren wie auf Malta im Nichts. ***(Bild 10.7)***

Auch in Agrigent auf Sizilien gibt es einige beeindruckende Stellen, an denen die Spuren über den Klippenrand hinaus im Nichts verschwinden. ***(Bild 10.8)***

Bild 10.7 *Vermutlich fiel ein Teil des Plateaus der Erosion zum Opfer, sodass sich diese Spur in der Nähe von Caspe/Spanien im Nichts verliert.*

Bild 10.8 *Auch diese Spur in der Nähe des Tempio di Juno Lacinia verschwindet am Klippenrand.*

Und hier noch einige andere Orte, an denen die Erosion tiefergelegene Abschnitte der Spuren gänzlich beseitigt hat.

Auf einer Sandsteinklippe bei Alcañiz (Spanien) sind Spuren zu finden, deren weiterer Verlauf im Norden und Süden von der Erosion beseitigt worden ist. Hier der nördliche Rand. Die vielen Klippen könnten Reste eines Plateaus sein. ***(Bild 10.9)***

Bei Le Perthus, auf der archäologischen Stätte von Panissars, führt ebenfalls eine Spur ins Nichts. Das Gestein ist vermutlich Gneis. ***(Bild 10.10)***

Aufgrund dieser vielen Beispiele kommt der Gedanke auf, dass Alexander Koltypin mit seinen Forschungsergebnissen und Schlussfolgerungen nicht falsch liegt.

Ich wünsche mir nicht das eine oder das andere Szenario, ich bin einfach nur neugierig und hätte auch kein Problem damit, wenn sich überlieferte Vorstellungen als unwahr herausstellen sollten. Ich hätte aber auch kein Problem damit, wenn es wirklich Ochsenkarren aus der Zeit der Römer waren, die diese Spuren verursacht haben.

An dieser Stelle kommen wir wieder zu den Eigenschaften der Wagenspuren, und zwar zu einem sehr wichtigen Merkmal, das mehrmals schon erwähnt wurde. Es fehlen schlichtweg die Trittspuren der Zugtiere! Nicht einmal in Westanatolien oder Kappadokien habe ich dergleichen gesehen. Nicht die kleinste Andeutung von Trittspuren und das bei dem relativ weichen Tuff in diesen Regionen.

Spuren sind schon zu finden, aber es sind andere. So z. B. Schleifspuren in der Mitte, als hinge etwas vom Fahrzeug herunter. ***(Bild 10.11)***

Auch finden sich links und rechts der Fahrzeugspuren nicht selten große Schleifspuren im Tuff, als hätte der Aufbau oder die Ladung des Fahrzeuges weit über die Spurbreite hinausgeragt und im noch lockeren Tuff die nicht kleinen Kratzer hinterlassen. ***(Bild 10.12)***

Bild 10.9 *(oben) Die Sandsteinklippe bei Alcañiz/Spanien verschwindet und mit ihr auch die Spuren.*

Bild 10.10 *(unten) Eine Spur auf der archäologischen Stätte von Panissars bei Le Perthus/Frankreich endet an einer Böschung, ein weiterer Verlauf ist nicht einmal ansatzweise erkennbar. Wieder ein Hinweis auf ein sehr hohes Alter? Das Gestein ist vermutlich Gneis.*

Bild 10.12 *Nicht selten finden sich in Anatolien solche Schleif- oder Kratzspuren links und rechts der Spuren*

Bild 10.11 *Diese Kratzer vermitteln den Eindruck, als wären die Ablagerungen zur Zeit der Entstehung noch nicht gänzlich ausgehärtet gewesen. Wären also Zugtiere mit im Spiel gewesen, so sollten deren Spuren auch zu sehen sein. Ich denke, es existieren genügend Beweise, um die Geschichte mit den Ochsenkarren zu widerlegen.*

Bild 10.13 *Sind dies Spuren von Zugtieren? Diese Spur befindet sich am nördlichen Stadtrand von Syrakus.*

Bild 10.14 *Auch hier auf Malta, auf dem Areal von Ta`San Gakbu, finden sich stempelähnliche Abdrücke mittig der Spur, die allerdings wesentlich stärker erodiert sind, als die von Syrakus*

Bild 10.15 *Ebenfalls bei Başköy in Kappadokien sind diese merkwürdigen Abdrücke in Verbindung mit rinnenartigen Spuren zu finden. (© Denis Benetas)*

Offroad-Enthusiasten im lockeren Tuff können wir uns vielleicht noch vorstellen, aber wie sieht es mit ähnlich chaotischen Wagenspuren im Kalkstein aus?

Sehr oft finden wir keinerlei Anzeichen von sinnvollen Verkehrswegen, stattdessen gibt es viele parallele und sich überschneidende Spuren, deutlich zu sehen z. B. auf Maltas „Rangierbahnhof" Nr. 1, Clapham Junction, und auf Sardinien, hier auf der Kalksteinebene von Su Crucifissu Mannu.

An beiden Orten finden sich übrigens einige Grabanlagen, die nach dem Erscheinen der Spuren angelegt wurden, denn sie unterbrechen oft deren Verlauf.

Die großen Fragen sind nun die, wie und wann die Cart-Ruts im Kalkstein entstanden sind. Die übliche Theorie der durch Tiere gezogenen Wagen hat sich nun aufgrund der vielen schon erwähnten Fakten als absolut unwahrscheinlich herausgestellt.

Auf Malta, Sizilien und in Kappadokien/Türkei konnte ich an einigen wenigen Stellen stempelähnliche Abdrücke mittig der Spuren beobachten, die jedoch mit Sicherheit nicht von Zugtieren verursacht wurden. ***(Bild 10.13–10.15)***

Zu den Nekropolen bei Su Crucifissu Mannu auf Sardinien gibt es bei Wikipedia Angaben zum Alter, wonach sie auf 4.000 Jahre vor Christus datiert werden! Das bedeutet, dass sie älter als 6.000 Jahre alt sein müssen, denn eine Kultur, die die Spuren nutzte, wird vermutlich kaum Begräbnisstätten in ihnen anlegen und so den Verlauf der Felsengeleise unterbrechen.

Oft können wir beobachten, dass sich die Felsengeleise ganz geschmeidig durch das Kalkgestein ziehen. Besonders deutlich sichtbar wird dies am Castellar de Meca in Spanien. Keinerlei Anzeichen von Meißelspuren sind zu finden, auch ist hier nicht wirklich vorstellbar, dass diese Spuren durch allmähliches Befahren durch z. B. eisenbeschlagene Räder entstanden sind.

Selbst der Aufweg aus der Ebene auf das Felsplateau zeigt sehr deutlich (besonders in der engen Kurve, die ca. 3 m tief ist!) viele horizontale Schleifspuren, die fast überall zu finden sind, wo die Cart-Ruts durch Einschnitte im Gestein führen. Sieht man diese geschmeidigen Schleifspuren kommt sofort der Gedanke auf, dass das Gestein während der Entstehung der Spuren noch nicht ausgehärtet war. Aber natürlich lehrt die Geologie, dass bei der Entstehung der Kalkablagerungen im Meer diese auch gleich aushärten.

Es besteht also ein momentan nicht lösbarer Widerspruch zwischen dem offensichtlichen Erscheinungsbild und dem, was geologisch möglich ist.

Das Phänomen der weichen und geschmeidigen Partien im Gestein kennen wir auch aus Reiseberichten aus Ägypten und Peru. Gigantische, unregelmäßige Steinblöcke wurden so perfekt zusammengesetzt, dass kein Haar zwischen die einzelnen Blöcke passte.

Im Granitsteinbruch von Assuan (Ägypten) sind ebenfalls solche geschmeidigen Bearbeitungsspuren im verbliebenen Fels zu finden, die wir von den Cart-Ruts kennen. Als Beispiel möge ein Stück nicht zu kalter Butter dienen, in dem man mit einem Messer elegante Spuren hinterlassen kann.

Wie es aber im Kalkstein oder gar im Granit zu solchen Spuren kommen kann, ist ein großes Rätsel.

Und da dieses Rätselraten keine greifbaren Ergebnisse liefert, kommen wir der Vollständigkeit halber nicht an einer Theorie vorbei, die auch viele andere unerklärliche Phänomene mit dem Besuch von kosmischen Reisenden zu erklären versucht. Wie ich finde, eine interessante These, denn es finden sich tatsächlich in vielen alten Schriften (z. B. in der Bibel und dem Mahabharata) Überlieferungen über fliegende und auch landende Fluggeräte.

Aber warum sollten der interstellaren Raumfahrt fähige Wesen solche merkwürdigen Spuren hinterlassen?

Das ergibt für mich irgendwie keinen Sinn, andererseits kommen einem beim Betrachten der unglaublichen geschmeidigen Partien bei vielen Spuren oft der Gedanke an eine Technologie auf, die es irgendwie ermöglichen könnte, das Gestein zu „erweichen" und leicht zu verformen bzw. zu bearbeiten.

Das mag sich sehr suspekt anhören und manch einer wird mit dem Kopf schütteln, aber bitte besuchen Sie Castellar de Meca und schildern Sie mir Ihre Eindrücke und Erfahrungen. Wie auch immer, die E. T.-Hypothese halte ich für wenig wahrscheinlich, aber ich denke, hundertprozentig ausschließen kann man sie nicht.

Das Universum ist groß und anzunehmen, dass wir die Einzigen wären, die denken und schaffen können, wäre schon sehr überheblich.

Diesem Kapitel voller Merkwürdigkeiten möchte ich zum Abschluss noch etwas weiteres Unerklärliches hinzufügen: Und zwar finden sich,

Bild 10.16 *Im Umfeld einer Spur bei Jumilla/Spanien befinden sich einige einzelne Rinnen. Talabwärts findet sich eine einzelne Rinne mittig der üblichen Doppelspur (siehe Bild 12.21, S. 141).*

wenn auch nur sehr selten, einzelne kanalartige Strukturen im Gestein, die ich bereits im Kapitel 3 erwähnt hatte (siehe Bild 3.20, S. 35).

Erstmalig konnte ich so eine rinnenartige Struktur 2015 im westanatolischen Tuff in der Nähe von Kayıhan im Umfeld der vielen Cart-Ruts sehen, ein einzelner Kanal, der sich momentan noch weniger erklären lässt als die üblichen, vermutlich durch Fahrzeuge entstandenen Spuren.

Erst drei Jahre später, unterwegs im südlichen Vorland der Pyrenäen in Spanien, entdeckte ich durch Zufall während der Fahrt eine ähnliche einzelne Rinne, ebenfalls in einer Tuffsteinlandschaft, die mich an Anatolien erinnerte (siehe Bild 12.11 und 12.12, S. 138).

Einen tieferen Sinn oder irgendeinen Zweck dieser Spur konnte ich nicht erkennen, auch nicht eine mögliche Verwendung zum Transport von Wasser, da die Rinne über einen Hügel verläuft.

Einige Hunderte Kilometer weiter südlich, in der Nähe von Jumilla, begegneten mir weitere einzelne Kanäle, diesmal wieder in Verbindung mit Cart-Ruts. ***(Bild 10.16)***

Als ich bereits wieder in Richtung Norden unterwegs war, sah ich die bisher letzten, aber bemerkenswertesten Kanäle auf dem Gebiet des Motorsportzentrums von Alcañiz. Auch hier erwecken die Spuren aufgrund des Höhenprofils nicht den Eindruck, als wären sie Wasserkanäle gewesen. ***(Bild 10.17)***

Meine Bemühungen, diese Spuren mit einem einheimischen Archäologen zu erörtern, waren leider vergeblich. Es kam wieder einmal kein Gedankenaustausch zustande, obwohl er auf seiner sehr informativen Webseite die dortigen Rätsel beschrieb und den Eindruck erweckte, als wäre er an einem Gedankenaustausch interessiert.

Leider verliefen auch alle Versuche, diese ganze Thematik mit professionellen Archäologen vom Deutschen Archäologischen Institut (DAI) zu erörtern, im Sande.

Weder in Spanien noch in Italien oder in der Türkei wird sich laut Auskunft des DAI mit dieser Materie beschäftigt. Man scheint kein Interesse zu haben, was für mich angesichts der Brisanz der Cart-Ruts ein absolutes Rätsel ist!

Es kommt wieder einmal der Gedanke auf, dass man absichtlich den Kopf in den Sand steckt, um unliebsame Fakten, die das gewohnte Bild der Vergangenheit gefährden könnten, auszublenden. Niemand traut sich heutzutage, aus dem Mainstream auszuscheren, um vielleicht als Ketzer da zu stehen. Es geht um Politik, Geld, Ansehen und Karriere.

Diesbezüglich finden sich in dem Buch „Die vergessene Zivilisation“ von Ph. D. Robert Schoch sehr interessante und zugleich auch schockierende Einblicke in den heutigen Wissenschaftsbetrieb.

Auch meine Anfrage bei der Abteilung Archäologie der Deutschen Forschungsgesellschaft verlief im Sande. Keine Antwort ist ja bekanntlich auch eine Antwort.

Jedenfalls hätte ich gerne mit den Profis über die Fakten diskutiert, denn ich möchte keine eigenbrötlerische Verschwörungsgemeinschaft gründen.

Bild 10.17 *Mehrere einzelne Kanäle durchziehen auf dem Gelände des Motorsportzentrums bei Alcañiz eine Sandsteinbank (siehe auch Bild 12.37, S. 146).*

Bild 11.1 *Im Teutoburger Wald befinden sich die so genannten Externsteine, die möglicherweise schon von den Germanen als Kultstätte oder Heiligtum genutzt wurden. Aber auch noch heute ist diese Stätte ein Besuchermagnet.*

Kapitel 11

Spuren vor der Haustür

„Der Unterschied zwischen Gott und den Historikern besteht hauptsächlich darin, dass Gott die Vergangenheit nicht mehr ändern kann.“

Samuel Butler, 1835–1902

Erstaunlicherweise war es wieder einmal eine russische Webseite, die mir Informationen über einen interessanten historischen Ort nördlich des Harzes, ca. 90 km nördlich meiner Heimatstadt Erfurt, lieferte. Am Rande von Langenstein befindet sich ein kleiner bewaldeter Hügel, in dem einige Steinbearbeitungen und handgemachte Höhlen im Sandstein zu finden sind. Der vermutlich interessanteste Teil ist ein Aufweg, der ähnlich wie am Castellar de Meca mehrere Meter tief in das Gestein eingearbeitet worden ist. ***(Bild 11.2)***

Im unteren Bereich finden wir Spuren, die uns wieder an Felsengeleise im mitteleuropäischen Raum erinnern. Also eher kleine und „zarte" Spuren mit einem rundlichen Basisprofil. ***(Bild 11.4)***

Näheres über diese Felsen ist nicht bekannt, aber einige Ruinen und Gräben lassen vermuten, dass einst eine Burg auf dem Hügel gestanden ist.

Einige der künstlichen Höhlen hier und an anderer Stelle in Langenstein dienten übrigens bis in das 20. Jahrhundert hinein als Wohnstätten, der letzte Bewohner zog erst 1916 aus. ***(Bild 11.5)***

In dieser Region, unweit der Felsenburg Regenstein, befindet sich die gleichnamige Mühle, an der sich eine merkwürdige Rinne befindet, die folgendermaßen erklärt wird: „In Sandstein eingearbeitete Laufrinne für das Maultier, seitlich erhöht der Laufsteg für den Maultierführer." Ich selbst halte beim Betrachten der Spur diese Erklärung für wenig wahrscheinlich. ***(Bild 11.3) (Bild 11.6)***

(1) ***Bild 11.2*** *Ähnlich wie am Castellar de Meca (siehe Bild 5.9 und 5.10, S. 53) wurde keine Mühe gescheut, um hier im Fels bei Langenstein einen Aufweg anzulegen.* (2) ***Bild 11.3*** *Angeblich ein Weg für Maultierführer und Maultier. Eine ähnliche Rinne findet sich bei Lamanon in Südfrankreich, siehe Bild 12.7, S. 137.* (3) ***Bild 11.4*** *Im unteren Bereich des Weges finden sich sehr schmale und rundliche Spuren mit einer Spurbreite von ca. 1,46 m.*

Etwa 2 km östlich von Nörten-Hardenberg befindet sich oberhalb des Wirtshauses Rodetal die so genannte Iliantreppe; eine im Sandstein sehr gut erhaltene Fahrspur.

„Weil er so steil war, sei der Weg später wenig genutzt und deshalb so lange gut erhalten geblieben, vermutet Hüter. Für die Fuhrleute war die Reise beschwerlich. Teils stiegen sie ab, führten ihre Ochsen oder Pferde von einem oberhalb des Hohlwegs verlaufenden Fußweg. In den Sandstein gemeißelte Treppenstufen am bergseitigen Rand untermauern diese These. Ketten, die die Männer um die Wagenräder schlangen, waren die einzige Möglichkeit, die Wagen auf der steilen Abfahrt zu bremsen. So wurden die bis zu 15 Zentimeter tiefen Rinnen als Fahrspuren in den Sandstein eingefahren. Kein Wunder, dass mancher hier verunglückte – wie der Fuhrmann Ilian. In einem Felsen nahe beim Weg sind zwei eingeritzte Kreuze zu finden.

Im Frühjahr seien die Arbeiten zur Freilegung des Weges im Einvernehmen mit der Northeimer Kreisarchäologin Petra Lönne erfolgt, erzählt Hüter. Jede Woche ein- bis zweimal haben sich Karl-Heinz Nülsen, Oliver Hüter und Carsten Meier von der Realgemeinde Nörten sowie Werner Thiele und Björn Döhne aus Bishausen getroffen, um etwa 75 Meter Fahrweg freizulegen. Initiator war laut Hüter der frühere Forstwirt der Realgemeinde, Döhne.

Hufeisen für Ochsen und Pferde haben die Männer bei den Ausgrabungsarbeiten gefunden. Trittspuren zeugen von der Anstrengung der Tiere. Ungewöhnlich breit sei die Wagenspur, fand Hüter. Inzwischen weiß er, dass es sich um das vorgeschriebene Maß für Gefährte im Herzogtum Braunschweig handelt. Auch die englischen Könige seien mit Kutschen mit diesem genormten Maß unterwegs gewesen.“[11]

Die angegebenen Trittspuren der Zugtiere kann ich nicht bestätigen. Es sind zwar zwei parallele Spuren zu erkennen, die aber meiner Meinung nach eher an Schleifspuren erinnern. Außerdem ist das Gelände relativ steil und sehr rutschig, sodass es sehr schwer ist, sich dort zu bewegen. ***(Bild 11.7)***

Bild 11.5 *Eine von mehreren Höhlenwohnungen in Langenstein, die heute ein Museum sind*

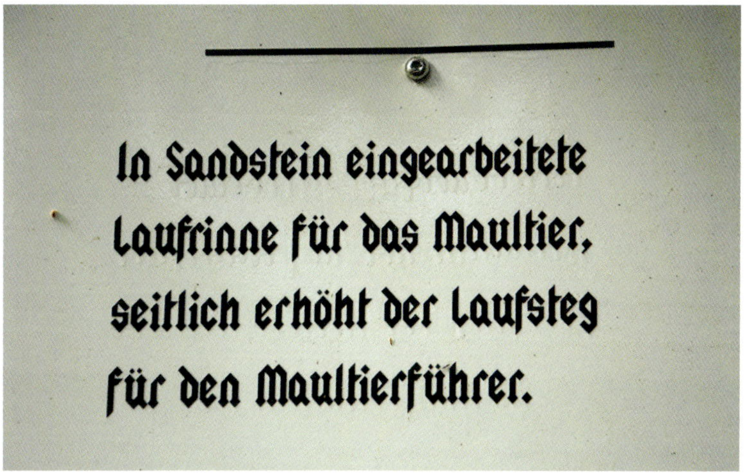

Bild 11.6

Bild 11.7 *Die so genannte Iliantreppe oberhalb des Rodetals bei Nörten-Hardenberg. Bei Feuchtigkeit ist sie zu glatt, um gefahrlos begangen zu werden. Wie verhalten sich an so einer Stelle Zugtiere mit einem schweren Wagen?*

11 Ute Lawrenz in: Göttinger Tageblatt/Eichsfelder Tageblatt, 24. Juli 2009

Bild 11.8 *Rätselhafte feine Linien in den Spuren. Sind hier tatsächlich jahrelang Wagen entlanggerumpelt? Die Spurbreite beträgt 1,45 m.*

Bemerkenswert und etwas verrückt ist die Tatsache, dass die Spur so aussieht, als wäre sie nie benutzt worden!

Glatte Seitenwände und eine Spur mit millimeterfeinen, filigranen Linien lassen uns nicht an Wege denken, in der vielleicht jahrelang eisenbeschlagene oder gar mit Ketten umschlungene Räder ihre Spuren hinterlassen haben sollen. Sehr merkwürdig!

Der Versuch, diesen Widerspruch mit der Archäologin zu erörtern, blieb leider ergebnislos. ***(Bild 11.8)***

Die ersten Felsengeleise in Deutschland begegneten mir allerdings bereits ein Jahr vor den eben beschriebenen Ausflügen, und zwar auf der Reise nach Frankreich im Jahr 2016.

Ein kleiner Umweg führte mich nach Bacharach am Rhein, wo sich ca. 400 m vor dem höher gelegenen Ortsteil Neurath rechts der Straße ein kurzes Areal mit den für unsere Regionen kleineren Spuren findet. ***(Bild 11.9)***

Bild 11.9 *Der „Römerweg" bei Neurath oberhalb von Bacharach am Rhein mit einer Spurbreite von 1,32 m*

Bis zu 3 m wurde der Fels abgetragen, um die Spuren anzulegen. Warum ist ein Rätsel, denn in Richtung Westen ist das Gelände offen. Auch sind zum Berg hin Reste von Spuren auf verschiedenen Höhen zu sehen, so als hätte es verschiedene Bauphasen gegeben. Die Spuren werden wieder einmal den Römern „auf den Wagen geladen". ***(Bild 11.10)***

Bild 11.10 *Warum wurde, wie so oft, der Fels abgetragen, um die Spur anzulegen? Gleich nebenan ist ebenes Gelände, das einen Transport ermöglicht hätte. Auch finden sich an der Felswand Reste von Spuren auf verschiedenen Ebenen, die auf verschiedene Bauphasen hinweisen.*

Einige Kilometer weiter südlich, bei Leistadt, befindet sich ein interessanter Rundwanderweg über eine kleine Erhebung westlich des Ortes, der an allerlei bearbeiteten Felsen und Steinen entlangführt. Hier finden sich neben einigen Steinbearbeitungen auch kurze Fragmente mit Cart-Ruts, deren rechte Spur (von unten betrachtet) eine Doppelspur ist. Von diesem Detail einmal abgesehen, erinnert das Erscheinungsbild an die Iliantreppe. Was hier in der Vergangenheit vor sich ging, bleibt uns leider verborgen. Die Spuren werden, wie so oft, den Römern angerechnet. ***(Bild 11.11)***

Bild 11.11 *Eine weitere Spur bei Leistadt. Merkwürdig ist die Doppelspur auf der rechten Seite. Die Spurbreite beträgt 1,21 m bzw. 1,41 m.*

Das nächste Reiseziel lag nun im Schwarzwald bei Kniebis. Hier sollte es zwei Stellen mit Spuren geben, von denen ich aber leider nur eine Stelle gefunden habe. ***(Bild 11.12)***

Wieder etwas weiter im Südosten, bei Albstadt, fanden sich die nächsten Cart-Ruts. Direkt südlich des Ortes, auf dem Sieben-Kreuzle-Weg, finden sich teilweise sehr gut erhaltene Fahrzeugspuren im Kalkstein, die einige interessante und nicht

Bild 11.12 *Nur auf einer Länge von ein paar Metern lässt sich diese Spur bei Kniebis im Schwarzwald verfolgen. Stellt sich bei dieser und ähnlichen Spuren nicht die Frage, warum aus postulierten Fernwegen (hier zwischen Schwaben und dem Elsass) im Laufe der Zeit nicht größere Wege und Straßen entstanden sind? Die Spurbreite beträgt ca. 1,15 m.*

Bild 11.13 *Spuren am Sieben-Kreuzle-Felsen oberhalb von Albstadt. Links im Bild ist eine einzelne Spur zu sehen und es stellt sich die Frage nach dem Zusammenhang mit der Hauptspur. Die Spurbreite beträgt ca. 1,16 m.*

wirklich erklärbare Merkwürdigkeiten aufweisen. Es handelt sich um eine vom Berg kommende Spur, die talabwärts führt. An einigen Stellen finden sich nun plötzlich mehrere Spuren nebeneinander, an einer Stelle taucht nur eine Rinne auf, die schräg zur Hauptspur verläuft.

Dass all diese eben genannten Spuren zu besichtigen waren, verdanken wir oft geschichtsinteressierten Enthusiasten, die in ihrer Freizeit mit Fleiß viel Sehenswertes freigelegt haben. ***(Bild 11.13) (Bild 11.14)***

So auch nahe der Externsteine, wo sich auch in einem freigelegten Hohlweg eine Partie mit einer Spur findet. Geschichtsinteressierte Enthusiasten haben 1,2 km südwestlich der Externsteine einen Hohlweg freigelegt, in dem Wagenspuren im Gestein zu finden sind.

Leider war zu unserem Besuch ein Teil durch einen umgestürzten Baum stark in Mitleidenschaft gezogen worden und so verzichte ich hier auf ein Bild der Spur, die nichts Außergewöhnliches aufweist (Spurbreite ca. 1,42, m) und zeige stattdessen ein Bild der sehenswerten Externsteine.

Auf unserer Reise nach Sardinien machten wir einen kleinen Abstecher zu einem weiteren „Römerweg“ und besuchten die letzte mir momentan in Deutschland bekannte Spur.

An der Straße von Buchenberg (bei Kempten im Allgäu) nach Wengen, kurz hinter Buchenberg, findet sich links der Straße ein ca. 3 m tiefer Einschnitt in der Landschaft, auf dessen Grund Wagenspuren im Fels zu finden sind. Wieso befinden sich die Spuren so tief im Erdreich? ***(Bild 11.15)***

Bild 11.14 *Plötzlich finden sich mehrere Spuren nebeneinander. Wie die Spuren zusammengehören, müsste bei einem erneuten Besuch untersucht werden.*

Bild 11.15 *Ein typische „Römerspur“, allerdings metertief im Edreich und einem Bächlein als Weg dienend. Die Spurbreite der stark verwitterten Spur beträgt ca. 1,15 m.*

Bild 12.1 *Der Cirque de Navacelles im französischen Zentralmassiv*

Kapitel 12

Erneute Spurensuche in Frankreich, Spanien und Malta

„Habt Augen und sehet nicht, Ohren und höret nicht?"

Bibel, Markus 8:18

Der Süden lockt immer wieder. Freudig werden die Sachen gepackt und verstaut und ab geht es.

2018 sollte es dank erneuter russischer Informationen bis nach Spanien, in den Raum Alicante gehen.

Das erste Ziel mit Spuren befand sich in Frankreich bei Saverne, in der Nähe von Strasbourg. Hier gibt es, nur einige Minuten vom Parkplatz entfernt, am Fuße einiger Sandsteinfelsen ein Areal mit einigen gut erhaltenen Spuren, das mich sofort an einen Bahnhof erinnerte. Irgendwie fehlten nur noch die Anzeigen mit den Abfahrtszeiten ... ***(Bild 12.2–12.4)***

Interessant ist auch die bearbeitete Felsböschung des „Bahnsteiges", sie erinnerte mich stark an Bacharach (Deutschland) und Langenstein (Deutschland).

1

2

3

(1) ***Bild 12.2*** *und* (2) ***Bild 12.3*** *Gleich westlich von Saverne im Elsass (nach einigen S-Kurven gibt es einen Parkplatz und von da sind es vielleicht nur 5 Minuten Fußweg) finden sich am Fuße schöner Sandsteinklippen vermutlich freigelegte und gut erhaltene Spuren. Dieses Areal erinnerte mich an einen Bahnhof, mehrere Gleise auf einem niedrigeren Niveau als der „Bahnsteig". Weiter oben und unten verlieren sich die Spuren unter Ablagerungen, gelegentlich sind noch „eingleisige" Hohlwege zu finden.*

(3) ***Bild 12.4*** *Es finden sich mehrere parallele Spuren, die sich schwer zuordnen lassen.*

Auf diesem vermutlich freigelegten Gelände finden sich einige parallele Spuren, deren Zuordnung etwas Kopfzerbrechen bereitet. ***(Bild 12.4)***

Oberhalb und unterhalb des „Bahnhofes" verlieren sich die Spuren unter Ablagerungen und es ist schwer abzuschätzen, wie es in beiden Richtungen weitergeht. Wie immer finden sich keine Spuren vermeintlicher Zugtiere.

Deutlich weiter im Süden Frankreichs, am Ortsrand von Lamanon, befinden sich kleinere Erhebungen aus Sandstein, die vermutlich zu Wohnzwecken bearbeitet worden sind. Es gibt viele in den Fels getriebene Räume, Kammern, Treppen und sonstige Felsbearbeitungen. ***(Bild 12.5–12.7)***

Diese Rinne erinnerte mich an eine ähnliche Felsbearbeitung nördlich des Harzes in Deutschland, unweit der Ruine Regenstein und den Cart-Ruts in Langenstein (Kapitel 11, S. 127 f.).

Letztgenante Rinne soll durch jahrelanges Esel- oder Maultiertreiben entstanden sein, ich für mich denke eher, dass diese Erklärung eine „Eselei" ist.

Auf dem weiteren Weg in Richtung Spanien machte ich noch einmal in La Couronne und Sigean halt, aber nur zum Zwecke der Übernachtung und zum Entspannen.

Das nächste Reiseziel, die Archäologische Stätte von Panissars, befand sich an der Grenze von Frankreich und Spanien, unweit des Ortes Le Perthus. Dort befinden sich in vermutlich römischen Ruinen auf einer Länge von ca. 20 m stark verwitterte Spuren. ***(Bild 12.8)***

Die Spur ist sehr stark erodiert, so wie sie jetzt beschaffen ist, kann kein Gefährt sie nutzen. Von Zugtieren ganz zu schweigen! Sie wird den Touristen dort als Teil der Via Domitia/Via Augusta „verkauft", allerdings hat sie mit einer Breite von ca. 1,55 m ganz andere Dimensionen als die „Via Domitia" bei Sigean mit 1,42 m! ***(Bild 12.9)***

Das Gestein ist vermutlich Gneis und ich möchte behaupten, dass ich eine so stark verwitterte Spur noch nie zuvor gesehen habe (siehe auch Bild 10.10, S. 121). An einer Stelle wird sie von einer auf ihr errichteten Mauer unterbrochen, was offensichtlich auch ein Hinweis auf ihr höheres Alter als das der Ruinen ist. Warum verschließen die Archäologen die Augen vor solchen Hinweisen? Zumal die Ruinen den Römern zugeschrieben werden! ***(Bild 12.10)***

Bild 12.5 *(oben) und* ***Bild 12.6*** *(Mitte) Weltweit wurden Felsen dazu genutzt, um sich häuslich einzurichten. Diese Steinbearbeitungen befinden sich im südfranzösischen Lamanon.*

Bild 12.7 *Eine ähnliche Rinne findet sich in Deutschland in der Nähe der Ruine Regenstein. Der wirkliche Zweck ist meiner Meinung nach unklar (siehe Bild 11.3, S. 129).*

Bild 12.8 *Die vermutlich römischen Ruinen bei Le Perthus. Eine Mauer unterbricht den Verlauf der extrem verwitterten Spur. Dies ergibt nur dann einen Sinn, wenn diese Spur nichts mit dem römischen Güterverkehr zu tun hat.*

(1) ***Bild 12.9***
Die verschiedenen Spurbreiten dieser „Römerstraßen“ machen klar, dass hier etwas nicht stimmen kann.

(2) ***Bild 12.10***
Weltweit finden sich solche Techniken, um Gesteinsblöcke miteinander zu verbinden. In die Aussparung wurde flüssiges Metall gegossen, sodass die Blöcke fest miteinander verbunden waren. Bei späteren Plünderungen verschwanden, wie so viele andere Dinge, auch diese Metallklammern.

(3) ***Bild 12.11***
Ein Zufallsfund am Straßenrand! Es finden sich keine mutmaßlichen Fahrzeugspuren, sondern diese merkwürdigen einzelnen Spuren, die mir bis zu diesem Moment nur aus Westanatolien bekannt waren (siehe auch Bild 3.20, S. 35).

(3) ***Bild 12.12***
Wie in Westanatolien finden sich hier verschiedene Einzelspuren in Tuffablagerungen.

Das nächste Etappenziel war der Campingplatz in Solsona/Spanien und während der Fahrt fiel mir linkerhand der Straße ein felsiges Plateau mit einer möglichen rinnenartigen Struktur auf. Tatsächlich, auf einer vermutlichen Tuffsteinfläche fand sich eine einzelne Rinne, wie ich sie bisher nur in Westanatolien gesehen hatte. Einige Meter östlich davon fanden sich noch mehrere einzelne Überbleibsel mutmaßlicher Einzelspuren.

In den folgenden Tagen sollte sich zeigen, dass hin und wieder, wenn auch selten, solche einzelnen Rinnen oder Spuren zu beobachten sind. ***(Bild 12.11) (Bild 12.12)***

Am nächsten Tag ging es von Solsona in das Gebiet von Caspe, wo weit abseits irgendwelcher Siedlungen auf einem Felsplateau Ruinen zu finden sind. ***(Bild 12.13)***

Und wie bei Panissars findet sich auch hier eine Spur, die nur wenige Meter lang ist, bevor sie am Klippenrand verschwindet. Wieder ein dringender Fall für Geologen und Geomorphologen, die vielleicht Aussagen über das ungefähre Alter der Landschaftserosion machen können. ***(Bild 12.14) (Bild 12.15)***

Im Umfeld von Caspe befindet sich übrigens der aufgestaute Ebro mit vermutlich interessanten Landschaften, die ich aber aus Zeitgründen leider nicht erkunden konnte.

Der nächste Tag war mit einiger Fahrerei verbunden, um nach Alpera zum Castellar de Meca zu gelangen. Zum Glück sind die Fernverkehrsstraßen meistens sehr gut und großzügig ausgebaut und in Verbindung mit sehr wenig Verkehr kommt man zügig voran.

Interessante Landschaften lassen die Fahrt nicht langweilig werden und am Nachmittag war ich bereits am Castellar de Meca. Meine Erfahrungen und Erkenntnisse dieses Besuches sind bereits im Kapitel 5, S. 50 ff., beschrieben worden.

Nach zwei Tagen und zwei Nächten in dieser schönen Landschaft setzte ich meine Reise in Richtung Süden zur archäologischen Stätte von Tolmo de Minateda fort. Auch hier gibt es einige Spuren, die ich mir anschauen wollte.

Dort angekommen, musste ich feststellen, dass aufgrund von Ausgrabungen das gesamte Areal vorübergehend geschlossen war. Und das nun nach über 3.000 km Fahrt!

Zum Glück konnte ich mich bemerkbar machen, als das Ausgrabungsteam auf dem Gelände unterwegs war, und dank Pablo, dem Chef des Ausgrabungsteams, konnte ich am nächsten Tag in aller Frühe die Spuren in Augenschein

Bild 12.13 *Circa 13 km westlich von Caspe finden sich in einer ruhigen, von gelegentlichen Sandsteinerhebungen geprägten Landschaft auf einem Sandsteinplateau die Ruinen Poblado de la Tallada.*

Bild 12.14 *Auf diesem Plateau befindet sich diese kurze, aber gut erhaltene Spur.*

Bild 12.15 *Diese Spur endet am Rande der Sandsteinklippe, ca. 12 m über dem umliegenden Gelände. Sicherlich wieder ein Hinweis auf ein für die konservative Wissenschaft unbequemes hohes Alter der Spur (siehe auch Bild 10.7, S. 120).*

(1) ***Bild 12.16***
Zu früher Stunde durfte ich die Spuren am Tolmo de Minateda besichtigen.

(2) ***Bild 12.17***
Die Spuren führen allmählich nach oben, verlieren sich aber bald und lassen sich nicht weiter verfolgen. Laut des mich begleitenden Archäologen sind auf dem Plateau, wo Ausgrabungen stattfanden, keine Spuren mehr zu finden. Die Spurbreite beträgt ca. 1,45 m.

(3) ***Bild 12.18***
Ungefähr 1,5 km südsüdwestlich von Tolmo de Minateda entfernt befinden sich in einem Felsüberhang einige prähistorische Wandmalereien.

(4) ***Bild 12.19***
In einem kleinen Tal, ca. 11 km nordwestlich von Jumilla gelegen, befindet sich diese ca. 1,6 m hohe bearbeitete Felswand.

1

2

4

3

nehmen. Aufgrund der enormen Hitze begann man bereits um 06.00 Uhr mit den Arbeiten und beendete diese um die späte Mittagszeit. ***(Bild 12.16) (Bild 12.17)***

Nicht weit von diesem Areal befinden sich in Felsüberhängen einige Stellen mit Felsmalereien unserer entfernten Vorfahren. Alles in allem ist das eine sehr geschichtsträchtige Region! ***(Bild 12.18)***

In Richtung Osten, nahe des Ortes Jumilla, durchzieht eine Spur ein kleineres Tal. In deren Umfeld finden sich neben einigen kleineren Felsmalereien bearbeitete Felswände oder kleine Steinbrüche, an denen interessante Schrämmspuren zu finden sind.

Was es damit auf sich hat, vermag ich nicht zu beurteilen, aber es wird wohl viel Arbeit gemacht haben und sollte demnach vermutlich auch eine Bedeutung haben. ***(Bild 12.19) (Bild 12.20)***

In der Nähe von Jumilla gibt es einen imposanten Sandsteinberg, den Monte Arabi. Hier habe ich mich einen Tag lang entspannt und einige kleinere Wanderungen unternommen. Auch hier finden sich an einigen Felsüberhängen kleinere Felsmalereien unserer durchaus künstlerisch veranlagten Vorfahren.

Vom Monte Arabi ging es weiter in Richtung Süden, das Tagesziel lag in der Nähe des Ortes Bonavista bei Elche.

Circa 1 km nördlich von Bonavista befindet sich ein im Sandstein gewundenes Tal mit sehr schönen und teilweise sehr gut erhaltenen Spuren. Größtenteils handelt es sich um eine Spur, aber an verschiedenen Stellen sind auch chaotische Spurenverläufe zu beobachten.

Ebenso sind seitlich der Spur hin und wieder Einkerbungen zu finden, wie ich sie auch schon in Westanatolien und Sardinien beobachten konnte (siehe auch Bild 7.16, S. 82).

Ein Besuch ist sehr zu empfehlen! ***(Bild 12.22–12.25)***

Bild 12.20 *Eine weitere Felswand mit diesen merkwürdigen Bearbeitungsspuren*

Bild 12.21 *Unweit der bearbeiteten Felswände treffen wir auf diese Spur, in der eine von diesen rätselhaften Einzelspuren zu sehen ist. Die Spurbreite beträgt 1,36 m.*

Bild 12.22 *Am Grunde dieses Tales nördlich von Bonavista bei Elche befindet sich unübersehbar eine prächtige Spur mit einer Breite von ca. 1,30 m.*

1

2

3

(1) ***Bild 12.23*** *An einigen Stellen ist die Spur tief im Fels eingeschnitten und weist, wie so oft, in der Mitte eine Schleifspur auf.*

(2) ***Bild 12.24*** *Der Verlauf lässt sich über eine längere Strecke gut verfolgen.*

(3) ***Bild 12.25*** *Auch hier finden sich neben der Spur rätselhafte Einkerbungen, die auch in der Türkei und auf Sardinien zu beobachten sind (siehe auch Bild 3.42, S. 41, und 7.16, S. 82).*

*(4) **Bild 12.26** und (5) **Bild 12.27** Am Rande eines Plateaus finden sich einige Spuren, von der diese hier die deutlichsten Erosionsspuren aufweist.*

*(6) **Bild 12.28** Eine weitere am Rande des Plateaus entlangführende Spur, die Spurbreite beträgt 1,16 m.*

*(7) **Bild 12.29** Eine von zwei steilen Spuren im Fels. Es stellt sich die Frage, ob nicht Fahrzeuge aus der Neuzeit dafür verantwortlich zu machen sind. Allerdings denke ich, dass übliche luftbereifte Fahrzeuge im felsigen Untergrund nicht solche Spuren hinterlassen können.*

Nicht weit von hier lockte das Mittelmeer, allerdings stand vorher noch ein schweißtreibender Besuch eines Areals bei Alicante an.

Hier, westlich des Wohngebietes San Gabriel/Alicante, finden sich am westlichen Rand von Sandsteinklippen einige Stellen mit sehr aussagekräftigen Spuren in Bezug auf die Erosion und ein damit verbundenes mögliches hohes Alter. ***(Bild 12.26–12.28)***

Und es gibt direkt nebeneinander zwei kurze Abschnitte mit erodierten Spuren, die den Eindruck erwecken, als wären die Fahrzeuge extrem geländegängig gewesen. ***(Bild 12.29)***

Der Hang, an dem sie zu finden sind, hat eine Neigung von ca. 30 bis 40 Grad!

Gerade hier stellt sich wieder die Frage, wie die Spuren entstanden sein können. Allerdings kann ich nicht ausschließen, dass diese beiden Spuren vielleicht in der Neuzeit durch extrem geländegängige Baufahrzeuge entstanden sind. Dagegen spricht vermutlich, dass der Untergrund, wie bei den Cart-Ruts, felsig ist und die Spuren trotzdem circa 20 cm tief sind.

Dieser Tag im Sommer 2018 war wohl während meiner gesamten Reise einer der heißesten Tage für mich und ich war froh, als ich bei Alicante/Urbanova im Mittelmeer baden konnte. Von wirklicher Erfrischung konnte allerdings keine Rede sein, denn ich möchte behaupten, dass

Bild 12.30
Spuren am Strand von Alicante/ Urbanova

Bild 12.31
Gelegentlich finden sich im Umfeld von Cart-Ruts, wie hier bei Bocairent, auch Steinbrüche mit interessanten Bearbeitungsspuren.

sich die Wassertemperatur nicht viel von der in einer häuslichen Badewanne unterschieden hat.

Der Grund für den Besuch dieses Strandes war aber auch noch ein anderer: Keine 100 m vom Wasser entfernt findet sich auf felsigem Untergrund ein kurzer Abschnitt mit Cart-Ruts. Leider ist uns nicht bekannt, was sich zur Zeit der Entstehung der Spuren dort abspielte, aber heutzutage wird diese Fläche als Parkplatz der badelustigen Anwohner und einiger Urlauber genutzt. Ein Besuch dort ist empfehlenswert, denn der Strand ist selbst in der Hochsaison nicht durch den Massentourismus überfüllt. ***(Bild 12.30)***

Hier in Urbanova war der südlichste Punkt meiner Sommerreise erreicht und am selben Tag fuhr ich bereits wieder in Richtung Norden, bis zu einem Campingplatz bei Bocairent.

Nördlich von Bocairent, unmittelbar am Ort, befindet sich ein Tal mit interessanten Steinbrüchen und einem kurzen Abschnitt mit einer Spur, von der ich gar nicht wusste, dass es sie hier gibt. Es besteht die Möglichkeit, dass ihr Vorhandensein mit diesen Steinbrüchen zusammenhängt, denn selbige weisen interessante Bearbeitungsspuren auf, wie zum Beispiel tiefe und meterlange Schrämmspuren im Deckenbereich in einer Höhe von ca. 5 m. Ich kann mir nicht vorstellen, dass solche Spuren durch Handarbeit entstanden sind. Bevor aber zu viel spekuliert wird, sollten weitere Informationen über die Steinbrüche eingeholt werden. ***(Bild 12.31) (Bild 12.32)***

Eine fahrtechnische Möglichkeit, schweres Gerät in dieses unwegsame Tal zu transportieren, konnte ich nicht erkennen. Natürlich besteht die Möglichkeit, dass sich nach vielen Jahren der Talgrund nach möglichen Überschwemmungen und durch andere geologische Vorgänge verändert hat. ***(Bild 12.33) (Bild 12.34)***

Die Thematik der Schrämmspuren erscheint mir auf alle Fälle sehr interessant, denn hin und wieder bin ich solchen Spuren begegnet: so z. B. im Umfeld der Ruine Regenstein im Nordharz, in einer Höhle auf Malta und hier in Bocairent, aber auch in ca. 80 km Entfernung von hier, wie bereits beschrieben, bei Jumilla.

Bild 12.32 *Eine unverhofft gefundene Spur auf einer Wanderung in ein neugierig machendes Seitental nördlich von Bocairent. Etwas weiter befinden sich auch die Steinbrüche, deren mögliches Alter aber erst einmal herausgefunden werden sollte, um zu viele Spekulationen in puncto Bearbeitungsspuren zu verhindern.*

Bocairent ist, wie so viele andere Landschaften, einen Besuch wert, wildromantische Schluchten und künstliche Höhlen in einer senkrechten Felswand belohnen den Wanderer, aber auch der Ort ist sehr reizvoll. Wer kann, sollte allerdings den Hochsommer eher meiden. ***(Bild 12.35)***

Am darauffolgenden Tag ging es weiter nordwärts, zurück zum Castellar de Meca, wo ich die Nacht verbrachte und natürlich noch einmal das Plateau besuchte. Es ist einfach zu schön hier und ich denke, dass auch dies nicht mein letzter Besuch dieser bemerkenswerten Stätte in zauberhafter und von Weinfeldern gesäumter Landschaft war.

Und weiter geht es in Richtung Norden, bis südlich des Ortes Teruel. Hier gibt es einige interessante und farbenprächtige Felsformationen, in deren Nähe ich die Nacht verbrachte. Leider kann ich keine Fotos vorweisen, aber der interessierte Leser wird von dieser Sommerreise auf Youtube auf meinem Kanal hueuva das Video mit dem Titel „Auf der Spur der Spuren“ finden.[12]

Das nächste Ziel befand sich in der Nähe von Alcañiz. Hier sollten ironischerweise im Umfeld der Auto- und Motorradrennstrecken vom Motorland Aragon einige interessante Areale mit Cart-Ruts zu finden sein. ***(Bild 12.36)***

12 https://www.youtube.com/watch?v=4aWGja4c04k

Bild 12.33 *Diese meterlangen Schrämmspuren in einer Höhe von ca. 5 m konnten sicherlich nur maschinell erzeugt werden.*

Bild 12.34 *Eine weitere Bearbeitungsspur in einem der zahlreichen Steinbrüche*

Bild 12.35 *Nördlich von Bocairent befindet sich diese beeindruckende Schlucht.*

Bild 12.36 *Typische Cart-Ruts, hier auf dem Gelände des Motorsportareals bei Alcañiz. Spuren von Zugtieren sind nicht zu entdecken, dafür aber wieder Erosionsspuren, die auf ein sehr hohes Alter hinweisen und damit der klassischen Geschichtsschreibung Probleme bereiten. Die Spurbreite beträgt ca. 1,28 m (siehe auch Bild 10.7, S. 121).*

(1) ***Bild 12.37***
Erstmalig konnte ich solche einzelnen Spuren in Westanatolien sehen. Ein Sinn ist nicht wirklich erkennbar und eine Nutzung, wie zum Beispiel als Wasserkanal, ist aufgrund des Höhenprofils nicht möglich.

(2) ***Bild 12.38***
Nur an dieser einen Stelle in Peratallada findet sich diese kurze Spur. Das sollte bedeuten, dass der Ort nach den Spuren entstanden ist. Wären diese Spuren historischen Ursprungs, so müsste der ganze Ort davon durchzogen sein. Die Spurbreite beträgt ca. 1,35 m.

(3) ***Bild 12.39***
Einer von vielen Menhiren in der Nähe von La Cham des Bondons bei Florac

(4) ***Bild 12.40***
Wie so oft werden den Touristen auch diese Spuren bei Raon-lés Leau als Römerwege beschrieben.

Nach langer Suche – ich hatte tatsächlich schon aufgegeben – stolperte ich dann glücklicherweise über wenigstens ein Areal mit schönen Cart-Ruts und einer Menge dieser rätselhaften und bizarren Einzelspuren, die die Sandsteinbank ungefähr rechtwinklig queren.

In so einer großen Anzahl habe ich diese Einzelspuren noch nicht gesehen, auch ist eine Erklärung dafür noch weniger möglich als für die Cart-Ruts.

Diese hier verbliebenen Sandsteinklippen weisen meiner Meinung nach auch auf ein sehr hohes geologisches Alter hin. ***(Bild 12.37)***

Man muss die Möglichkeit in Betracht ziehen, dass einige Areale dem Bagger weichen mussten, denn dieses insgesamt großflächige Gebiet wurde und wird mit Rennbahnen, Straßen, Parkplätzen und Gebäuden für den Motorsport hergerichtet.

Dank der gut ausgebauten Straßen konnte ich bereits am Nachmittag Peratallada erreichen, einen kleinen schönen Ort in Katalonien, der auf bearbeitetem felsigem Untergrund errichtet wurde. Und in einer Gasse sind tatsächlich Spuren zu sehen! ***(Bild 12.38)***

Bis auf ein Areal mit „Römerstraßen“, wieder wie zu Beginn der Reise in der Nähe von Strasbourg in Frankreich, hatte ich nun meine Liste mit den Spuren abgearbeitet und setzte meine Tour in Richtung Heimat fort. Die Route führte nun durch das französische Zentralmassiv mit seinen wunderbaren Landschaften, wo ich noch einige Zeit verbrachte. ***(Bild 12.39)***

In den nördlichen Vogesen, bei Raon-lés Leau und circa 2 km nördlich des Ortes, findet sich im Wald ein aus ziemlich ebenen Natursteinen gepflasterter Weg, der sehr präzise eingeschnittene Spuren aufweist. ***(Bild 12.40–12.43)***

Diese Präzision erscheint mir sehr rätselhaft; wie können diese exakten Linien und Kanten auf den Steinen entstehen, wenn laut der These der Archäologen immer und immer wieder Wagen darübergerumpelt waren? Auch stellt sich die Frage, ob die Pflastersteine bearbeitet worden sind.

Man kann mit dem Auto bis zu einer kleinen Waldhütte in der Nähe der Spuren fahren, der Weg ist asphaltiert und gut beschildert.

Mit diesem Ausflug ging die mehrwöchige Exkursion im Sommer 2018 zu Ende.

Im Herbst des gleichen Jahres, am Ende der Sizilienreise, während das Flugzeug in Richtung

Bild 12.41 *(links unten) und* ***12.42*** *(oben) Die Spur befindet sich auf offensichtlich verlegten Steinplatten. Deutlich sind die exakten Linien der Spur zu sehen.*

Bild 12.43 *(rechts unten) Wie können nach jahrelangem Verkehr solche akkuraten Spuren entstehen? Man sollte eigentlich ausgeschlagene und zerfahrene Spuren erwarten und nicht solch millimeterfeine Linien. Diese Charakteristik lässt sich auch sehr gut an der so genannten Iliantreppe in Deutschland beobachten. Zwei verschiedene Spurbreiten konnte ich beobachten: 1,41 und 1,45 m (siehe Kapitel 11, Bild 11.8, S. 130).*

Bild 12.44 *Auf einer über 100 m hohen Klippe verschwindet diese Spur im Nebel der Vergangenheit. Die Spurbreite beträgt ca. 1,52 m.*

Terminal rollte, reihte sich eine Maschine der Malta Airlines in die Warteschlange in Richtung Start ein und ich wusste in diesem Moment noch nicht, dass dies (vermutlich) ein Zeichen für eine dritte Maltareise war.

Und tatsächlich – im Frühjahr 2019 entschloss ich mich kurzfristig, noch einmal eine Woche auf Malta zu verbringen. Die Verlockungen des mediterranen Frühlings waren zu groß, außerdem bot sich die Möglichkeit, mich mit einer Schweizer Enthusiastin in Sachen Cart-Ruts zu treffen. Monika Trinkler dokumentiert und katalogisiert seit vielen Jahren in ihrer Freizeit sämtliche Spuren auf den Inseln Malta und Gozo. Mittlerweile ist sie bei über 700 Spuren bzw. Spurfragmenten angelangt ... Respekt!

Es besteht nun durchaus die Möglichkeit und es ist zu hoffen, dass ihr Katalog der neue Standard zum Thema Cart-Ruts auf Malta und Gozo wird.

Für alle Interessierten, die sich auf den maltesischen Inseln auf Spurensuche begeben wollen, ist ihre Webseite sehr zu empfehlen (Monika Trinkler betreibt noch eine zweite Webseite, die sich weiteren Arealen mit Spuren in Europa widmet).[13] Ich selbst habe mich allerdings noch an der Benennung und Auflistung von David H. Trump orientiert.

Das interessanteste Areal dieser Reise fand ich auf Qala il-Pellegrin, einem kleineren Plateau, ca. 107 m über dem Meer. Auf diesem schön gelegenen Tafelberg oberhalb der Gnejna-Bay befindet sich eine sehr beeindruckende Spur, die an der Klippe im Nebel der Vergangenheit verschwindet. ***(Bild 12.44)***

Eine ebenfalls sehr interessante Spur auf der Insel Gozo führt in einer Höhe von ungefähr 70 m geradewegs in Richtung Meer. Zu dieser Spur lässt es sich vom Fährhafen Mġarr aus wunderbar wandern. Ein schmaler, aber deutlicher Wanderpfad an der Küste bringt uns bis nach Hondoq ir-Rummien und von hier aus geht es über einige „Ecken und Kanten" hinauf auf das Plateau bis

13 https://malta-cartruts.ch/, https://www.karrenspuren.ch/

hin zu der Spur. Es empfiehlt sich also, zu Hause mit Hilfe von Google Earth ein Satellitenbild zu erstellen und im Gepäck zu haben. *(Bild 12.45) (Bild 12.47)*

Eine letzte und auch sehr schöne Spur möchte ich zum Ende dieses Kapitels vorstellen, die sich im „Hinterhof" einiger Gebäude in Is-Salina befindet. *(Bild 12.46)*

(1) ***Bild 12.45*** *Auf dem Plateau von Ta' Ċenċ konnte ich noch einige für mich neue Spuren dokumentieren.* (2) ***Bild 12.46*** *Eine sehr gut erhaltene Spur im Hof einiger Gebäude bei Is-Salina. Ob sie von den Kindern zum Spielen genutzt wird?* (3) ***Bild 12.47*** *Diese Spur führt geradewegs in Richtung Meer, lässt sich aber aufgrund der Erosion nicht weiter verfolgen.*

Bild 13.1 *Ein tiefer Einschnitt im Gelände. Deutlich zu sehen sind die verschiedenen, durch unterschiedliche Vulkanausbrüche entstandenen Tuffsteinschichten.*

Kapitel 13

Sprachlos in Kappadokien

„Ich habe nur einen Strauß Blumen gepflückt und nichts hinzugefügt als den Faden, der sie verbindet.“

Michel de Montaigne,
französischer Essayist, 1533–1592

Ich weiß nicht mehr genau, wann ich (wieder von russischer Seite!) von gewaltigen Arealen in Kappadokien und im Raum Kayseri erfuhr.

Und das, was ich dann schon auf Google Earth zu sehen bekam, war einfach gigantisch!

Wieso waren diese riesigen Areale in der westlichen Welt so unbekannt?

Ich hatte einmal die Möglichkeit, mich mit Erich von Däniken über diese Areale zu unterhalten, und er sagte mir, dass ihm, obwohl er schon oft in der Region unterwegs war, nichts davon bekannt sei.

Waren die Cart-Ruts in Westanatolien schon spektakulär, so sind die Spuren dort in Zentralanatolien noch eine deutliche Steigerung dessen, was wir in Phrygien gesehen hatten. Gut, so eine ähnlich verrückte Stelle wie zwischen Döğer und Bayramaliler (Kapitel 3, Bild 3.37, S. 39) haben wir zwar nicht entdeckt, aber die Quantität der Spuren dort ist vermutlich auf diesem Planeten nicht mehr zu überbieten!

Im August 2019 waren wir wie 2017, fast in Familie, zwei Wochen in der Türkei unterwegs.

Ausgangspunkt war erneut Anatalya und mit dem Mietwagen ging es durch schöne und interessante Landschaften über Konya nach Kayseri am Fuße des Vulkanes Erciyes (3.916 m), wo wir für die Zeit dort ein wunderbares Appartement mit schöner Aussicht auf den schon längst erloschenen Vulkan mieten konnten.

Vor vielen Millionen von Jahren war dieser mächtige Feuerberg mit verantwortlich für die gigantischen Tuffsteinablagerungen in dieser Region und in Kappadokien. ***(Bild 13.2) (Bild 13.3)***

***Bild 13.2** Viele schöne Wanderungen sind in Kappadokien möglich und gewähren uns einen Einblick in fantastische Tuffsteinlandschaften.*

***Bild 13.3** Die Millionenstadt Kayseri kurz nach Sonnenuntergang*

Und am Fuße dieses Berges liegt in einer Höhe von etwas mehr als 1.000 m die Millionenstadt Kayseri. Natürlich hat die Stadt historische Wurzeln, aber ich möchte behaupten, dass mindestens 95 % der Stadtfläche von Neubauten bedeckt sind.

Wie der Großraum Antalya muss auch diese Region in der jüngsten Zeit eine enorme Expansion erfahren haben. Und für meinen Geschmack können sich die Gebäude durchaus sehen lassen. Tristes Grau ist nicht zu finden, stattdessen erfreut man sich an warmen Farbtönen der abwechslungsreich gestalteten Wohnhäuser.

Die Neugier auf die Areale mit den Spuren war groß und so fuhren wir direkt am nächsten Tag nach Kayseri Nord, um die auf Google Earth gesichteten riesigen Areale zu erkunden.

Nach einigen Jahren der Erkundung dieser überall merkwürdigen Spuren ist dies hier in Kayseri Gesehene in punkto Quantität eine völlig neue Erfahrung. Spur an Spur, und das oft über Dutzende, aber auch über Hunderte von Metern; der Verstand hat keine Chance, dazu in sich schlüssige und logische Theorien zu entwickeln. ***(Bild 13.4) (Bild 13.5)***

Am ehesten lassen sich die Spuren wie die eines Truppenübungsplatzes nach einem Manöver mit sehr vielen Fahrzeugen beschreiben, wie auch immer, ich kann leider wieder einmal keine plausible Entstehungsgeschichte anbieten.

Diese ganze Geschichte mit den Spuren, wo auch immer sie sich befinden, ist ein einziges skurriles Mysterium!

Bereits erwähnt hatte ich die Aussage einer türkischen Archäologin, die diese Spuren dogmatisch als Abbauspuren von Steinbrüchen interpretierte. Ich habe nach dieser Begegnung einige Zeit über diese These nachgedacht, aber aufgrund der Fülle an Fakten von vielen Arealen in Europa und Anatolien lehne ich diese Idee, die vermutlich eine Art Abwehrreaktion dem Unbekannten und Unerwünschten gegenüber ist, entschieden ab.

Baut man denn auf Strecken, die zehn Kilometer und länger sind, Steine ab?

Und wenn wirklich Steine abgebaut worden wären, hätte es dort Berge, Hügel oder Felsen geben müssen, aber es sind keinerlei Überreste irgendwelcher Erhebungen auf diesen weiten Ebenen zu finden. Wo sind die Gebäude oder Tempel, die angeblich mit dem Material errichtet wurden?

Auch sollten wir nicht vergessen, dass andere Archäologen davon ausgehen, dass diese Spuren von Ochsenkarren geschaffen worden sind.

Bild 13.4 *Endlos viele Spuren in Kayseri. Soll dies ein Steinbruch gewesen sein?*

Bild 13.5 *Das größte Areal in Kayseri, siehe auch Bild 13.8, S. 154.*

Dieser Erklärungsnotstand macht uns wieder einmal sehr deutlich, dass diese vermutlichen Fahrzeugspuren eine besonders harte (und vermutlich unbeliebte) Nuss der Archäologie und interessierter Quereinsteiger sind. ***(Bild 13.6) (Bild 13.7) (Bild 13.8)***

Also machten wir uns in den nächsten Tagen auf, um einige weitere Areale zu erkunden, aber auch, um die einmaligen Landschaften in Kappadokien, speziell in der Gegend um Göreme, zu bewundern und zu bewandern. ***(Bild 13.9) (Bild 13.10)***

Und wieder beeindruckte mich die türkische Gastfreundschaft. Nicht nur einmal wurden wir Fremde unterwegs einfach so zum Tee eingeladen.

Nicht weit von Kaseri, in nordöstlicher Richtung, bei den Ortschaften Ağırnas, Vekse und Turan finden sich wie so oft auf weitläufigen ebenen Flächen, die vielleicht zum Weiden von Schaf- oder Ziegenherden genutzt werden, einige Areale mit den vermeintlichen Fahrzeugspuren. Sie erreichen nicht die Quantität der Spuren in Kayseri, aber ich denke, einen Besuch sind sie trotzdem wert. Außerdem ist es interessant, die Ortschaften und die Landschaften zu erkunden, die für uns vollkommen fremd und neu sind. ***(Bild 13.11–13.14)***

Bild 13.6 *Weitere Spuren in Kayseri, diesmal tief im Tuff eingeschnitten*

Bild 13.7 *Ein weiteres, für die Türkei typisches Areal mit vielen Spuren*

(1) ***Bild 13.8*** *Ein Satellitenbild des größten Areals in Kayseri (Quelle: Google Earth, Image © 2021 Maxar Technologies, Image Landsat/Copernicus)*

(2) ***Bild 13.9*** *Uçhisar, ein sehenswerter Ort inmitten spektakulärer Kulisse aus Tuffstein*

(3) ***Bild 13.10*** *Durch die Arbeit der Erosion geschaffene elegante Felsformationen*

Um die nächsten Areale zu erkunden, müssen wir die Region Kayseri verlassen und uns in Richtung Kappadokien aufmachen. Besser wären vermutlich zwei verschiedene Unterkünfte gewesen: Eine in Kayseri und die andere im Raum Göreme oder Derinkuyu in Kappadokien. So könnte man die vielen längeren Fahrten umgehen, zum Glück sind aber vor allem die Fernverkehrsstraßen sehr gut ausgebaut und man kommt zügig voran.

In der Umgebung von Derinkuyu finden sich nun einige beachtliche Areale mit unseren Spuren. Derinkuyu selbst ist vermutlich gar nicht so unbekannt, denn hier gibt es wohl die in Kappadokien bekanntesten künstlich angelegten Höhlenbehausungen.

Über 150 solcher Anlagen sind in der Region bisher bekannt, deren wirklicher Zweck bis heute ungeklärt ist. Mir kam in der Augusthitze der Gedanke, dass man sich vielleicht vor extremen Wetterbedingungen so nach und nach, Generation für Generation, im Tuff eine gute und wohltemperierte Zuflucht gebaut hatte. Im Sommer kann man sich vor extremen Hitzewellen schützen und die Winter im anatolischen Hochland, hier in einer Höhe von ca. 1.350 m, sind bestimmt auch kein Vergnügen. Aber das war nur so ein Gedanke ...

Eine gängige Vermutung ist, dass die vermutlich bis auf die Zeit der Phryger zurückgehenden Behausungen zum Schutze vor Feinden entstanden sind. Allerdings könnte man in so einem Fall auch ganz schön in der Falle sitzen ...

(4) ***Bild 13.11***
In der Umgebung von Vekse finden sich viele ausgedehnte Areale, deren Spuren sehr verwittert sind.

(5) ***Bild 3.12***
Hin und wieder gibt es tief im Tuff liegende Spuren

(6) ***Bild 3.13***
Eines von mehreren kleineren Arealen westlich von Ağırnas

(7) ***Bild 13.14***
Ein sehr großes Areal mit stark erodierten Spuren nördlich von Vekse. In der Ferne befindet sich der oft wie ein Leuchtturm wirkende ehemalige Vulkan Erciyes.

(8) ***Bild 13.15***
Am Rande der Tuffablagerungen verlieren sich die nur noch an wenigen Stellen sichtbaren Spuren. Der Ort in der Ebene rechts im Bild ist Derinkuyu.

Bis zu 80 m tief und auf mehreren Etagen hatte man sich in den Tuff gearbeitet.

Wie auch immer, diese Thematik ist ein weiteres Rätsel in Kappadokien.

Östlich der Ebene von Derinkuyu, in ungefähr vier Kilometern Entfernung, finden sich sanft ansteigende Ablagerungen aus Tuffstein. Und hier gibt es nun an verschiedenen Stellen Areale mit stark verwitterten Spuren. Eines davon haben wir erkundet und es fanden sich wieder die üblichen Eigenschaften, also fehlende Trittspuren von den oft postulierten Zugtieren und die erwähnte fortgeschrittene Erosion. In Richtung Ebene verloren sich die Spuren und konnten nicht weiter verfolgt werden. ***(Bild 13.15)***

Laut den Satellitenbildern von Google Earth weisen die Tuffablagerungen in Richtung Osten hin und wieder durch Erosion entstandene Einschnitte auf, an denen die Spuren nicht mehr vorhanden sind, aber ich denke, dass die Spuren durchaus einmal mit den Cart-Ruts in der Region Orhanlı/Başköy verbunden gewesen sein könnten.

Bild 13.16 *(oben) Ein ebenfalls riesiges Areal befindet sich westlich von Başköy. Hier gibt es Spuren, die kaum noch sichtbar sind, aber auch jede Menge Spuren mit den üblichen kräftigen Erosionsmerkmalen.*

Bild 13.17 *(unten) Hier vereinen sich alle Spuren, um diesen Geländeeinschnitt bei Başköy zu queren. Es besteht die Möglichkeit, dass dieser Geländeeinschnitt durch Wassererosion geschaffen wurde, was bedeuten würde, dass die Spuren nicht in den lockeren und frischen Tuffablagerungen entstanden sein können. Oder der Einschnitt entstand bereits, während sich die Ablagerungen bildeten. Fragen über Fragen! Andrew Kuznetsov ist der Meinung, dass diese Spuren durch nur einmaliges Befahren entstanden sind. Vielen Dank an ihn, dass er mir dieses Foto zur Verfügung gestellt hat! (© Andrew Kuznetsov)*

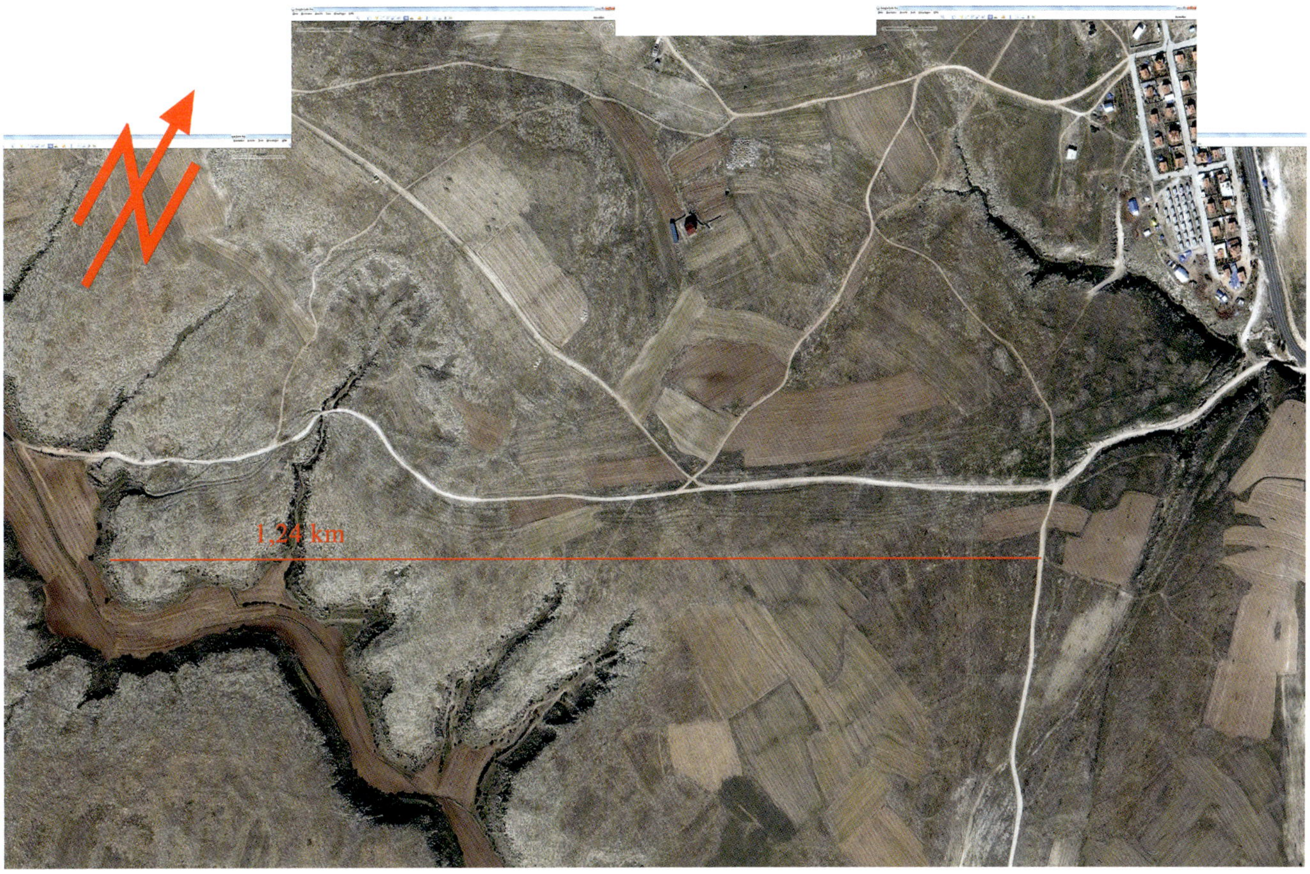

Bild 13.18 *Ein Satellitenbild des Areals (Quelle: Google Earth, Image © CNES/Airbus, Image Landsat/Copernicus)*

In diesem Falle ergäbe sich ein riesiges Netz von Spuren, über Dutzende von Kilometern.

Und soweit mir bekannt, wäre dies wohl ein Weltrekord!

Nicht weit von Derinkuyu, westlich von Başköy gelegen, befindet sich ein sehenswertes Areal mit Spuren, das sich durchaus mit den Arealen von Kayseri messen kann. ***(Bild 13.16)***

Wir sehen viele parallele Spuren, die sich an einer Engstelle vereinen, um sich danach wieder aufzufächern. Bei dieser nur ein paar Meter breiten Stelle besteht die Möglichkeit, einen kleineren Geländeeinschnitt zu überwinden. ***(Bild 13.17–13.19)***

Etwa 300 m weiter westlich verlieren sich die Spuren in vermutlich durch Erosion entstandenen Senken. Aber wie bereits erwähnt, konnte ich später anhand der Satellitenbilder sehen, dass von hier vermutlich eine Verbindung der Spuren bis nach Orhanlı und somit auch bis nach Derinkuyu besteht. ***(Bild 13.20)***

Am westlichen Ende der Cart-Ruts von Başköy findet sich eine wie auch immer tief im Tuff eingearbeitete Spur und einige Dutzend Meter weiter können wir ein interessantes und wieder

Bild 13.19 *Eine tief im Tuff liegende Spur nahe der Engstelle*

unerklärliches Detail sehen: Eine wie frisch wirkende Seitenfläche einer Spur mit scheinbaren Bearbeitungsspuren runder Werkzeuge! Wurden hier in jüngster Zeit Untersuchungen durchgeführt? ***(Bild 13.22) (Bild 13.23)***

Einige Kilometer weiter nördlich, bei Derbentbaşı, befindet sich ebenfalls ein weit verzweigtes Netz mit vielen Spuren, von denen sich einige metertief im Gestein befinden.

1

2

3

4

(1) ***Bild 13.20*** *Ein für Kappadokiens Cart-Ruts typisches Bild. Im Vergleich zu den geschmeidigen Spuren in Westanatolien fällt auf, dass sie hier noch sehr kantig und brüchig erscheinen. Im Gegensatz dazu wirken die Spuren in Westanatolien deutlich abgeschliffener und geschmeidiger. Ist dies ein Hinweis auf ein unterschiedliches Alter der Spuren?* *(2)* ***Bild 13.21*** *Eine sehr tiefe Spur, die in die Senke im Westen führt und sich dort verliert. Hier können wir wieder in der Mitte der Spur eine merkwürdige Einzel- oder Schleifspur beobachten.* *(3)* ***Bild 13.22*** *An der rechten Seite der rechten Spur finden sich merkwürdige mögliche Bearbeitungsspuren in Form von Kreisbögen.* *(4)* ***Bild 13.23*** *Detailaufnahme der Spur vom Bild 13.22*

Bemerkenswert ist ein Areal mit stark erodierten Tuffablagerungen, das an eine Trümmerlandschaft erinnert. Hier finden sich die bereits im Kapitel 7, S. 79, erwähnten Spuren, die sich auf zwei verschiedenen Ebenen befinden, mit einem Höhenunterschied von ungefähr einem Meter. Der Gedanke liegt nahe, dass wir es hier mit unterschiedlichen Entstehungszeiten zu tun haben könnten. ***(Bild 13.24–13.26)***

Bild 13.24 *(oben) und* ***13.25*** *(unten) Ein großes Areal mit stark verwitterten Spuren und Tuffsteinresten*

Nimmt man sich etwas Zeit und erkundet diese Landschaften auf Google Earth, so wird man noch Unmengen von diesen wie versteinert wirkenden Fahrzeugspuren entdecken. Und sicherlich könnte man Jahre damit verbringen, alle Areale zu erforschen und zu dokumentieren.

Ob nun ein besonderes Interesse an den Spuren besteht oder nicht, Kappadokien ist definitiv für alle Naturliebhaber eine sehr sehenswerte Region und vermutlich auch vielen Menschen schon bekannt.

Gelegentlich werden im Fernsehen mehr oder weniger interessante Dokumentationen über diesen Teil Anatoliens gesendet, auch sind in Buchläden einige Reiseführer zu finden.

Und es ist wieder einmal sehr erstaunlich, dass nirgendwo das Rätsel der möglicherweise versteinerten Fahrzeugspuren erwähnt wird.

Es bleiben viele schöne Erinnerungen an diese Reise; wir konnten riesige Areale mit Cart-Ruts erkunden und bestaunen sowie einige Wanderungen durch diese märchenhaften Tuffsteinlandschaften unternehmen. ***(Bild 13.29–13.31)***

Bild 13.26 *Stark verwitterte Fragmente von Spuren, die sich auf einem höheren Geländeniveau als die anderen Spuren befinden*

***Bild 13.27** (oben)* *Diese Landschaft und der Ort Derbentbaşı liegen in einer Höhe von ca. 1.500 m.*

***Bild 13.28** (rechts) Auch hier finden sich mehrere, tief im Tuff liegende Spuren.*

Wie immer beeindruckte uns die türkische Gastfreundschaft und der Entschluss stand schnell fest, diese Region wie auch Phrygien noch ein weiteres Mal zu bereisen und zu erkunden – möglichst mit einer kleinen und genehmigungsfreien Drohne versehen, um die gewaltigen Areale mit unseren Spuren von oben fotografieren zu können. Es ist sehr kompliziert, in Deutschland eine amtliche Genehmigung für die üblichen Drohnen für die Türkei zu bekommen, und mir steht nicht der Sinn danach, in einem türkischen Gefängnis zu landen. Selbst beim Filmen banaler Szenen in der Urlaubsregion am Mittelmeer wurde mir schon Stress gemacht.

Hier noch eine wichtige Anmerkung zur Reisezeit: Im Hochsommer ist es heiß und am Meer kann es dazu noch unglaublich schwül sein! Es empfiehlt sich, eine entsprechend andere und angenehmere Reisezeit zu wählen. Ich denke, dass sich Frühling und Herbst besser für Exkursionen eignen.

Bild 13.29 *Eine typische Tuffsteinlandschaft in der Region um Göreme*

Bild 13.30 *Einer von vielen Gewürzständen in der Markthalle von Konya*

Bild 13.31 *Auf der Rückreise machten wir einen Abstecher zum zweitgrößten Binnensee der Türkei, zum Tuz Gölü. Er zählt zu den salzhaltigsten Seen des Planeten und kann in den Sommermonaten, wie zu beobachten war, fast völlig austrocknen.*

Bild 14.1 *Der verregnete Blick vom Dobratsch bei Villach. Leider war der Wettergott während meiner Reise durch Österreich im Sommer 2020 nicht auf meiner Seite.*

Kapitel 14

Cart-Ruts in der Schweiz und in Österreich

„Was wir wissen, ist ein Tropfen, was wir nicht wissen, ein Ozean.“

Sir Isaac Newton

Im Laufe der Zeit stellte sich heraus, dass auch im Alpenraum Spurrillen im Fels zu finden sind, so in Italien, Österreich und in der Schweiz.

An welcher Stelle mir die ersten Informationen begegneten, kann ich gar nicht mehr sagen. Vermutlich stieß ich wieder beim Stöbern im Netz auf entsprechende Hinweise und, soweit ich mich erinnern kann, diesmal nicht aus russischer Quelle.

Erwähnt habe ich schon die Bemühungen und Gedanken der Schweizer Enthusiasten um Georg O. Brunner. Leider sieht es zum Erscheinen des Buches so aus, als wäre die Webseite nicht mehr verfügbar. Aber auch die Webseiten der bereits erwähnten Monika Trinkler sind für mich mittlerweile zu einer wahren Fundgrube geworden.

Als ich 2016 nach Frankreich fuhr, um unter anderem die dortigen Spuren zu erkunden, lag es natürlich nahe, einen kleinen Umweg durch die Schweiz zu machen.

Südlich von Basel finden sich links der Straße von Waldenburg nach Langenbruck, an einer Engstelle gelegen, am Hang einige Meter einer gut erhaltenen „Römerstraße". Die Stelle, an der die Spur zu finden ist, trägt den Namen Oberer Hauenstein. Auf einer Länge von ungefähr 180 m findet sich mit Unterbrechungen eine gut erhaltene Spur und wie immer sind keinerlei Anzeichen von Zugtieren zu sehen.

In nördlicher wie auch in südlicher Richtung wird die Spur von Erdarbeiten oder Steinbrüchen abgeschnitten. Erwähnenswert ist, dass in Richtung Norden ein Felsdurchbruch für die Spur geschaffen worden ist. Gefragt habe ich mich, warum die Spur mit vermutlich viel Mühe in den felsigen Hang eingebracht worden ist? Wieso hat man nicht das Tal zu den vermeintlichen Transporten genutzt?

Der Obere Hauenstein ist bis jetzt die einzige Spur, die ich in der Schweiz besucht habe. ***(Bild 14.2) (Bild 14.3)***

Und natürlich ist es für dieses Buch wünschenswert, in Österreich vorhandene Spuren zu

Bild 14.2 *Die Spur am Oberen Hauenstein in der Schweiz. Es wurde keine Mühe gescheut, um am Hang eine Spur anzulegen. Selbst ein Felsdurchbruch wurde dafür in Kauf genommen. Ich stellte mir die Frage, warum man nicht den breiten und sanften Talgrund für den Weg nutzte.*

Bild 14.3 *Eine typische Spur, wie so oft im Kalkstein. Die Spurbreite beträgt 1,10 m.*

Bild 14.4 *Die „Römerspuren" bei Glasenbach südlich von Salzburg: Das am besten erhaltene Stück mit den Spuren. Hin und wieder finden sich noch einseitige und stark verwitterte Fragmente. Die Spurbreite beträgt ca. 1,13, m.*

dokumentieren. 2020 hatten wir allerdings mit den Auswirkungen der Pandemie zu kämpfen und es stand lange Zeit nicht fest, ob ich aufgrund der Reisebeschränkungen meine Reise nach Österreich überhaupt antreten konnte. Aber zum Glück, relativ kurz vor Redaktionsschluss, war es wieder möglich, innerhalb der EU problemlos zu reisen. Allerdings immer noch mit Einschränkungen, denn die Bedingungen für meine geplante Azorenreise waren unannehmbar und ich musste diese Reise leider stornieren.

Diese Zeilen entstanden während meines Ausfluges nach Österreich und der anschließenden Weiterreise über Italien nach Frankreich und ich musste hoffen, dass nicht aufgrund neuerlicher Probleme mit Corona die Grenzen wieder geschlossen werden würden.

Südlich von Salzburg liegt der kleine Ort Glasenbach und an dessen östlichen Rand, am Fuße der Berge und links der Straße nach Vorderfager finden sich einige wenige Fragmente einer Spur im Kalkstein, die dem Besucher als Römerweg deklariert werden würden.

Leider ist die Erosion dort sehr weit fortgeschritten und nur an einer ungefähr 1 m langen Stelle ist die Spur gut erhalten. Auch hier und wie bei den folgenden aufgesuchten Spuren sind keinerlei Hinweise auf Zugtiere zu finden. ***(Bild 14.4)***

Da ich sehr gut in der Zeit lag, fuhr ich noch am späten Nachmittag in die Nähe von Villach, in das kleine Örtchen Tiffen, wo ich auch die Nacht verbrachte. Hier befindet sich auf einem Felsvorsprung in herrlicher Lage eine kleine Kirche, an deren Nordseite eine kurze Spur zu finden ist. Laut der Informationen der Webseite von Monika Trinkler wird diese Spur in Zusammenhang mit einem benachbarten Marmorsteinbruch aus der Römerzeit in Verbindung gebracht. ***(Bild 14.5) (Bild 14.6)***

Am Nachmittag hatte ich dann alle Hände voll zu tun, um die vielen und teilweise nicht schlecht erhaltenen Spuren des „Römerweges" bei Warmbad Villach zu besichtigen und zu dokumentieren.

Als Ausgangspunkt für diese gut ausgeschilderte Wanderstrecke ist der 500 m südlich des Bades gelegene Parkplatz zu empfehlen. Die ersten Anzeichen für den Römerweg sind einige wenige stark verwitterte und kurze Spurfragmente, aber schon einige Meter weiter befindet sich das erste gut erhaltene Teilstück des Felsengleises, das sich auf einer längeren Strecke durch mehr oder weniger gut erhaltene Teilstücke verfolgen lässt. ***(Bild 14.7) (Bild 14.8)***

Bild 14.5 *Nördlich der Kirche in Tiffen findet sich diese kurze Spur.*

Bild 14.6 *Diese Spur wird einem benachbarten Marmorsteinbruch aus der Römerzeit zugeordnet. Die Spurbreite beträgt 1,04 m.*

Bild 14.7 *Das erste sichtbare Fragment des „Römerweges" bei Warmbad Villach*

Bild 14.8 *Hier beginnt die teilweise gut erhaltene Spur. Mit einer Spurbreite von nur 1 m ist sie die schmalste Spur, die ich je gesehen habe.*

Bild 14.9 *Folgt man dem Wanderweg, tauchen nach Unterbrechungen immer wieder mehr oder weniger gut erhaltene Spuren auf. Hier ein ebenfalls gut erhaltener Abschnitt, bei dem die rechte Spur merkwürdige Versetzungen aufweist.*

Ich habe mittlerweile schon sehr viele Spuren gesehen und hier wurde deutlich, dass diese und die am Vortag besuchten Spuren im Vergleich zu ihren südlicheren Verwandten wie Spielzeuggleise wirkten. Die Spurbreite beträgt gerade einmal 100 cm, im Gegensatz dazu beträgt ein immer wiederkehrendes Maß vieler großer Spuren 1,42 m. Entsprechend breiter ist auch die Spurbasis der größeren Spuren.

Das Ganze wirkte dadurch irgendwie auf mich wie eine ehemalige Fahrbelustigung für Kinder, wobei sich immer wieder die Frage nach der Art des Fahrzeugantriebes stellt, denn mittige Trampelspuren postulierter Zugtiere sind wie immer nicht zu sehen.

Zwischen den einzelnen Abschnitten der Spuren finden sich immer wieder längere Strecken, an denen die Erosion den Kalkstein gänzlich oder fast beseitigt hat, und ich stellte mir wie so oft die Frage, welche Zeiträume für das Verschwinden des felsigen Untergrundes notwendig waren. Natürlich haben wir in unseren Breiten aufgrund der Winter mit einer vermutlich stärkeren Erosion zu tun, aber auch aus dem südlichen Spanien sind mir Bilder mit stark verwitterten Spuren bekannt. ***(Bild 14.12–14.14)***

Auf alle Fälle ist bemerkenswert, wie viele gut erhaltene Teilstücke hier noch zu finden sind. Das Ende der erhaltenen Spur war erreicht und ich nahm einen Weg, der so halbwegs zum Ausgangspunkt meiner Wanderung zurückführen sollte. Und siehe da, an einer Stelle fanden sich abseits des vermeintlich in Richtung Oberfederaun führenden Römerweges noch Spurreste. ***(Bild 14.15)***

Wer weiß, was sich hier in der Region unter den vielen Ablagerungen noch so alles vor unseren Augen verbirgt. ***(Bild 14.16)***

Leider war das Wetter mehr als bescheiden, oft regnete es lange und intensiv, denn ich hätte gerne als Bewohner sanfter bewaldeter Berge einmal die Aussicht vom Dobratsch genossen.

Aber immerhin fotografiert es sich für den Zweck der Dokumentation bei gleichmäßigen und diffusen Lichtverhältnissen deutlich besser, als wenn zu viele Kontraste vorhanden sind. Zum Glück wurde auf meiner Weiterreise das Wetter hervorragend, sodass ich noch einige schöne alpine Landschaften genießen konnte, und ich freute mich schon auf das baldige Wiedersehen mit meinen mittlerweile schon erwachsenen Kindern in den französischen Cevennen.

1

2

3

4

6

5

7

(1) ***Bild 14.10***
Die Versetzung etwas näher betrachtet. Es stellt sich die Frage, wie sich hier ein Fahrzeug verhalten würde. Für den heutigen Schienenverkehr würde eine partielle Änderung der Gleisbreite eine Katastrophe bedeuten.

(2) ***Bild 14.11***
Ein weiterer Abschnitt mit einer Versetzung auf der rechten Seite

(3) ***Bild 14.12***
An einigen Stellen finden sich nur noch Fragmente der Spur.

(4) ***Bild 14.13***
Mögliche Tritthilfen an einer geneigten Stelle des Weges. Die Spur war hier nicht zweifelsfrei erkennbar.

(5) ***Bild 14.14***
Ein weiterer gut erhaltener Abschnitt der Spur

(6) ***Bild 14.15***
Das südliche Ende des sichtbaren Teils der Spur

(7) ***Bild 14.16***
Abseits des ausgewiesenen „Römerweges“ fanden sich durch Zufall weitere Fragmente einer Spur. Sehen wir hier im Umfeld von Villach nur die „Spitze des Eisberges“?

Bild 15.1 *Das Plateau Castellar de Meca in Spanien mit seinen bemerkenswerten Cart-Ruts. Allerdings ist immer noch ein großer Teil von Ablagerungen bedeckt, wer weiß, was sich dort noch alles vor unseren Augen verbirgt.*

Kapitel 15

Wie geht es weiter?

„Eine neue wissenschaftliche Wahrheit pflegt sich nicht in der Weise durchzusetzen, daß ihre Gegner überzeugt werden und sich als belehrt erklären, sondern vielmehr dadurch, daß ihre Gegner allmählich aussterben und daß die heranwachsende Generation von vornherein mit der Wahrheit vertraut gemacht ist.“

Max Planck

An dieser Stelle möchte ich noch einmal die wichtigsten Eigenschaften der vermeintlichen Fahrzeugspuren aufführen:

- Die Cart-Ruts finden sich auf vielen Erdteilen, lediglich von Australien und der Antarktis sind mir keine Spuren bekannt.
- Es existieren nicht einmal ansatzweise Trittspuren von Zugtieren, die zum Ziehen der Wagen laut Lehrmeinung der Archäologie eigentlich erforderlich gewesen sein müssten.
- Stattdessen finden sich gelegentlich mittig der Cart-Ruts Schleifspuren, die nach dem momentanen Erkenntnisstand nicht erklärbar sind. Bei einigen wenigen Spuren finden sich stempelförmige Abdrücke, die aber wohl kaum, so denke ich, durch Zugtiere entstanden sind.
- Es existiert keine einheitliche Spurbreite, obwohl relativ häufig Maße von circa 1,4 m zu finden sind.
- Es gibt Spuren, bei denen sich die Spurbreite ändert! Um diese Merkwürdigkeit zu untersuchen, bedarf es umfangreicher Vermessungsarbeiten. Ich selbst habe und konnte nur stichprobenartig messen.
- Der Grad der Erosion deutet häufig auf ein hohes geologisches Alter hin. Vergleichen wir die Erosion der Cart-Ruts mit versteinerten Saurierspuren, so erscheint dieser Gedanken durchaus realistisch.

- Hin und wieder finden sich neben den Cart-Ruts Strukturen im Gestein, die an Abdrücke von Ketten erinnern.
- In Syrakus befindet sich sogar eine Spur, die an ein Kettenfahrzeug erinnert.
- Gelegentlich sind fahrzeugtechnisch rätselhafte Unterschiede in der Höhe zwischen linker und rechter Spur zu beobachten.
- Es finden sich, wenn auch selten, Versetzungen der linken oder rechten Spur, was bedeutet, dass sich an diesen Stellen die Spurbreite ändert.
- Die Spuren durchqueren Hindernisse aus Stein und die mutmaßlichen Fahrzeuge hinterließen gelegentlich Schleif- und Kratzspuren im Fels links und rechts der Spur.
- Wenn die Spuren, wie zum Beispiel die immer wieder postulierten Römerstraßen, eine so große Bedeutung für den Handel hatten, wieso entstanden daraus später keine dauerhaften und gut ausgebauten Verkehrswege? Die Verbindungen zwischen den immer größer gewordenen Städten hätten doch erweitert und ausgebaut werden müssen. Stattdessen gerieten sie in Vergessenheit und verschwanden unter Ablagerungen! Oder sie lagen bereits lange Zeit unter Ablagerungen verborgen und wurden nur an einigen wenigen Stellen durch Erosionsprozesse wieder freigelegt.
- Auf vielen größeren Arealen finden sich chaotische Spurenverläufe, die verkehrstechnisch keinerlei Sinn ergeben. Im Sandkasten spielende Kinder oder Kriegsspiele auf militärischen Übungsplätzen würden vermutlich ähnliche Spuren hinterlassen.
- Im Umfeld der Cart-Ruts finden sich gelegentlich kanalartige Strukturen, deren Sinn ebenso gänzlich unbekannt ist.
- Auf dem Areal von Castellar de Meca/Spanien und von Derbentbaşı/Türkei finden sich Spuren, die aufgrund der Erosionsmerkmale zu deutlich unterschiedlichen Zeiten entstanden sein müssen.
- Auf dem amerikanischen Kontinent war das Rad vor der Entdeckung durch Kolumbus laut offizieller Geschichtsschreibung unbekannt. Wer war dann für die dortigen Spuren im Fels verantwortlich?
- Ich habe noch nie eine Spur gesehen, wo ich dachte, hier wäre mit Hammer und Meißel gearbeitet worden. Stattdessen finden sich im Gestein der Felsengleise oder an den anliegenden Felswänden geschmeidige Spuren, die an Messerspuren in Butter oder an Löffelspuren im Eisbecher erinnern. Möglich, dass dies keine akademische Beschreibung ist, aber bitte schauen Sie sich einige Areale an und machen Sie einen anderen Vorschlag zur Beschreibung dieser Eigenschaft.
- Der Charakter der Spur kann sich von einem auf den anderen Zentimeter drastisch ändern. Eben noch eine gewaltige Spur mit beachtlichen Dimensionen wird sie plötzlich zu einer bescheidenen und unspektakulären Spur.

Eine der wichtigsten Fragen, die sich stellen, ist die nach dem Alter der Spuren!

Erst wenn diesbezüglich verlässliche, von mehreren und unabhängig voneinander arbeitenden Geologen und Geomorphologen erbrachte Ergebnisse vorliegen, sollten diese den Archäologen präsentiert werden. Denn ohne konkrete geomorphologische und geophysikalische Resultate sind alle Aussagen zum Thema nur reine Spekulation!

Eine Möglichkeit, das Alter von Bearbeitungsspuren im Gestein festzustellen, ist die Lumineszenzdatierung. Dies ist eine physikalische Altersbestimmung, bei der der im Laufe der Zeit zunehmende Strahlenschaden im Gestein untersucht wird. Voraussetzung dafür ist allerdings, dass das Gestein Quarz und/oder Feldspat enthält. Also sollte diese Methode bei den Tuffablagerungen in Anatolien funktionieren, wobei allerdings eine zeitliche Obergrenze von 100.000–120.000 Jahre besteht. Bei älteren Proben wird die Datierung nicht funktionieren. Inwieweit diese Methode im Kalkstein funktioniert, vermag ich nicht zu beurteilen.

Möglich wäre natürlich, dass sich im Kalkstein Sand oder andere datierbare Einschlüsse befinden.

Sollte das von Alexander Koltypin vermutete Alter von mehreren Millionen Jahren zutreffen, so gäbe es mit der Lumineszenzdatierung allerdings vermutlich ein Problem.

Nach dem momentanen Stand der Dinge sieht es so aus, dass es außer den Forschungsergebnissen von Dr. Alexander Koltypin keine Angaben zum Alter der Spuren gibt. Er ist meines Wissens nach der einzige Forscher, der sich über einen längeren Zeitraum intensiv mit dieser Thematik befasst und seine Gedanken, Ergebnisse und Theorien veröffentlicht hat.

Für mich ist es ein großes Rätsel, dass mehr als 52 Jahre seit der ersten bemannten Mondlandung vergangen sind, aber zum Thema Cart-Ruts immer noch keine sicheren und anerkannten Forschungsergebnisse vorliegen!

Natürlich fällt es schwer, sollte Koltypins These stimmen, sich vorzustellen, dass die Spuren Millionen von Jahren alt sind. Es besteht die Gefahr (und es wird sicherlich auch so kommen), dass seine Aussagen von der konservativen

Bild 15.2 *Es ist für mich ein sehr schönes Gefühl, unterwegs zu sein und interessante Landschaften zu genießen. Seit 2014 verbinde ich meine Reisen mit Exkursionen zu Arealen mit Cart-Ruts und bin weiter am Sammeln von Informationen. Vielleicht haben wir das Glück, dass irgendwann einmal ein Lichtstrahl das Dunkel der Vergangenheit etwas erhellt.*

Wissenschaft ohne Überprüfung beiseitegefegt werden, da sie das ganze Geschichtsgebäude zum Einsturz bringen würden.

Betrachten wir aber das Wort Wissenschaft, so sollte uns klar sein, dass wir neuen Ideen offen und unvoreingenommen gegenüberstehen müssen, denn sonst ist es unmöglich, neues Wissen zu schaffen!

Nur durch starres Beharren auf überliefertes Wissen, ohne andere Möglichkeiten in Betracht zu ziehen, kommen wir nicht weiter.

Betrachte ich mir die vielen aufgenommenen Fotos und erinnere mich an die besuchten Landschaften der vielen Areale, die ich mittlerweile gesehen habe, so kann ich durchaus mit Alexander Koltypins Theorie der mehrere Millionen Jahre alten Spuren mitgehen. Die deutlich sichtbare Erosion scheint ihm Recht zu geben.

Auch wenn ich weder Geologie noch Archäologie studiert habe, bemühe ich mich, die Thematik unvoreingenommen und mit einem gesunden Menschenverstand zu betrachten, und hege bezüglich der Ergebnisse keine Wunschvorstellungen.

Die Spuren mit all ihren skurrilen Eigenschaften existieren real und die Fakten verschwinden nicht durch Verdrängen oder Ausblenden!

Leider ist es heutzutage weit verbreitet, dass wichtige Details und Fakten der Allgemeinheit vorenthalten werden, ohne die aber die wahren Zusammenhänge nicht erkannt werden können. So ist es immer wieder sehr frustrierend, wenn auch zum Thema Archäologie aufwändig produzierte Dokumentationen mit Spielfilmcharakter gedreht und gesendet werden, die wichtige Details einfach ausblenden und somit die Schlussfolgerungen der erläuterten Forschungen verfälschen.

Dogmen bringen niemanden weiter und Neugier ist eine wunderbare und zutiefst menschliche Eigenschaft. Unsere Gedanken sollten nicht durch Fesseln behindert werden, auch wenn sie hin und wieder einmal abenteuerliche Züge annehmen sollten! Ohne Fantasie und Kreativität gibt es keine neuen Erkenntnisse und keinen Fortschritt.

Und es sollte auch keine Schande sein, wenn sich einmal eine These als falsch erweisen sollte, die Geschichte der Wissenschaft kennt dafür genügend Beispiele.

An dieser Stelle möchte ich nun einmal dazu einladen, unsere Spuren etwas in die Ferne zu rücken und sie nur noch als eines von vielen Mosaiksteinchen rätselhafter Erscheinungen der Vergangenheit zu betrachten. Denn unsere Felsengeleise oder Cart-Ruts sind bei Weitem nicht die einzigen Merkwürdigkeiten der Geschichte auf diesem Planeten.

(© Denis Benetas)

Es gibt, wenn man interessiert ist und vieles hinterfragt, unglaublich viele Unstimmigkeiten in der Vergangenheit, die die ofizielle Geschichtsschreibung stark in Frage stellt.

Für die nächste Zeit habe ich mir nun vorgenommen, auch solch andere Themen zu untersuchen und möglichst viele Informationen zusammenzutragen. Das Thema der rätselhaften perfekten Gesteinsbearbeitung habe ich zu Beginn bereits erwähnt, hier möchte ich stellvertretend für sehr viele weitere Merkwürdigkeiten zwei andere Rätsel vorstellen:

Wie gelangt ein riesiger Monolith in ein Gewölbe

„Der ‚Perser' Schacht erhielt diesen Namen, weil die Perser ihn entdeckt haben. Er liegt neben der Unas-Pyramide unter einem Wachhaus. Hier führt ein senkrechter Schacht 20 m in die Tiefe, wo sich drei gewölbte Felsen-Kammern befinden. Die zwei Kammern links sind leer.

In der größten rechten Kammer befindet sich der Monolith, der viel größer ist als der Zugang und aus anderem Gestein besteht. Es ist ungeklärt, wie der 4,3 m lange, 2,5 m breite und 1,25 m hohe Granitquader durch den 1,5 x 1,4 m engen Schacht hereinbefördert wurde (siehe Querschnitt durch das unterirdische Kammersystem). Deshalb wird dieser Monolith auch das 8. Weltwunder genannt."[14]

Fugenübergreifende Strukturen im Gestein verschiedener Bauwerke

Stellen Sie sich einen Steinbruch vor, aus dem Steinblöcke entnommen werden sollen, um sie an anderer Stelle zu einem Bauwerk zusammenzufügen.

Um die Blöcke aus dem Fels zu arbeiten, entstehen für gewöhnlich mehr oder weniger große Spalten zwischen den Blöcken und die Struktur des Gesteins wird unterbrochen.

Nun gibt es aber in Gizeh verbaute Blöcke aus Kalkstein und aus Granit (!), bei denen sich die Gesteinsstruktur über den kaum erkennbaren Spalt hinwegzieht. Trotz erkennbaren Spaltes ist kein Materialverlust feststellbar.

Wie ist so etwas möglich?

https://pyramiden-jelitto.de/pup-bautechnik.html

Wenn wir z. B einen Baumstamm zersägen, so geht entsprechend viel Material verloren, je nachdem wie stark das Sägeblatt ist. Aber in Ägypten finden sich Steine, die ohne Materialverlust „zusammengehören", trotz Steinbrucharbeiten und Transport über 800 km. Die Struktur der benachbarten Steine zeigt keinen Sprung.

---

14 https://www.giza-vermaechtnis.ch/perser-schacht-in-saqqara/

Das wäre so, als hätte man die Blöcke in Assuan mit einem haarfeinen Trennungswerkzeug getrennt und dann in Gizeh genau wieder wie im Steinbruch in Assuan zusammengesetzt.

Eigentlich eine Unmöglichkeit !

Für die nächste Zeit bemühe ich mich, solche „Unmöglichkeiten" zusammenzutragen. Ich denke, dass wir unbedingt über den „Tellerrand gucken" müssen, um vielleicht irgendwann einmal eine leise Ahnung der wahren Wirklichkeit zu bekommen.

Die Physik ist an ihre Grenzen gestoßen und man macht sich Gedanken, ob das postulierte Modell vielleicht doch nicht so richtig ist. Und die Astronomen entdecken Dinge, die für sie kaum zu verstehen sind. Es ist halt überall irgendwie das Gleiche:

Je mehr Forschungsergebnisse vorliegen, desto mehr Fragen tauchen auf!

Und ich muss gestehen, dass mir das irgendwie gefällt.

Ich bin nicht wirklich religiös, vielleicht etwas spirituell veranlagt, aber mir gefällt der Gedanke, dass die Schöpfung, das kosmische Bewusstsein oder auch Gott (so genannt) sich nicht (so leicht) in die Karten schauen lässt!

Aber natürlich werde ich auch gerne wieder meine Sachen packen, um die Spuren zu erkunden.

Die beiden oben genannten Beispiele, die nur die Spitze des Eisberges darstellen, zeigen, dass es eine Menge an rätselhaften Artefakten gibt, die sich momentan jeglicher Erklärung widersetzen. Eine vernünftige und schlüssige Erklärung ist nicht in Sicht.

Auf alle Fälle gibt es endlos viel Interessantes zu entdecken und zu untersuchen und es ist zu hoffen, dass das Reisen in absehbarer Zeit nach der überstandenen Pandemie wieder möglich sein wird.

Was uns, den am Thema Interessierten, helfen würde, wäre, wenn diese Thematik interessierte Reisende ermuntert, sich am Sammeln von Daten (Ortsbeschreibung, Koordinaten, Art des Gesteins, Maße und Fotos) zu beteiligen.

Sehr wahrscheinlich wird es mir nicht möglich sein, alle Areale mit Cart-Ruts auf diesem Planeten selbst zu besuchen; deshalb wäre es für dieses Projekt ein großer Gewinn, wenn sich möglichst viele interessierte und neugierige Menschen daran beteiligen.

Kontaktieren Sie mich gerne unter edschneider@cartruts.de

Ebenso möchte ich an dieser Stelle auf meine Webseite verweisen: www.cartruts.de

Es ist zu hoffen, dass sich vielleicht einmal ein handfester Hinweis oder ein greifbares Artefakt finden lässt, das uns in unserer Suche nach dem Ursprung dieses Mysteriums auf den richtigen Weg bringt oder gar zur Beantwortung aller oder vieler Fragen führt.

Ich denke, dass die Wahrheit hinter diesem großen Mysterium der Vergangenheit etwas derart Unvorstellbares und Unglaubliches ist, dass es momentan unser Vorstellungsvermögen übersteigt. Ich kann nur hoffen, Ihre Neugier geweckt zu haben.

(© Denis Benetas)

Bild 16.1 *Eski-Kermen, Krim (© Alexander Koltypin)*

Kapitel 16

Beitrag von Dr. Alexander Koltypin

Globales Netz von neogenen (vor 15–6 Millionen Jahren) Straßen und Spurrillen des Mittelmeerraums

Klassifizierung von Radspuren und Steinstraßen. Kritik an der Theorie, dass beladene Fuhrwerke in historischer Zeit die Radspuren erzeugt haben. Beweise 1) aus dem neogenen Zeitalter für Radspuren und Steinstraßen, 2) dafür, dass die Radspuren durch Autos und Geländefuhrwerke erzeugt worden sind, und dafür, 3) dass es im Miozän ein breites Straßennetz im Mittelmeerraum gab.

Steinstraßen sind an vielen Orten auf der Welt zu finden

Radspuren, so genannte Cart-Ruts (Spuren, die von Karren oder Fuhrwerken hinterlassen werden), sind an vielen Orten der Welt zu finden. Sie befinden sich häufig in der Türkei (Frigi-Tal, Kappadokien), auf der Krim (Chufut Kale, Eski-Kermen, Bakhchisaray), in Spanien (autonome Regionen Valencia, Murcia, Kastilien-La-Mancha, Kastilien und Leon, Andalusien, Galizien, Katalonien), Malta (Inseln Malta und Gozo), Italien (Zentralitalien, Sardinien, Sizilien), Aserbaidschan (Halbinsel Apsheron), Kasachstan (Küste des Kaspischen Meeres). Einige auch in Mexiko und den USA. Außerdem sind sie in Deutschland, Frankreich, Portugal und einigen anderen Ländern anzutreffen.

Die zwei Arten von Steinstraßen

Unseren Untersuchungen zufolge gibt es zwei Arten von Steinstraßen.

Die erste Art versteinerter Radspuren befindet sich im Phrygischen Tal und in Kappadokien in Zentralanatolien (Türkei). Es handelt sich um unterschiedlich breite und lange Bündel (zwischen 100 m und 5 km) versteinerter Spuren einzelner mehrspuriger Fahrzeuge in kontinentalen mittel- bis spätmiozänen Tuffen und tuffogenen Sedimentgesteinen, die Gruppen von bis zu 40 x 25 km bilden (in zwei Gebieten: in Eskeshihir-Afiyon sind sie 75 km lang und 10–20 km breit und in Aksaray-Kayseri-Nigde-Tomanza messen sie 166 x 100 km). Die Radbreite beträgt ca. 23 cm (an der Unterseite der Spur) ohne Profil. Der Abstand zwischen den Außenkanten der Räder beträgt 150 bis 160 cm und entspricht damit in etwa dem von modernen PKWs. Solche Spuren verlaufen in großer Zahl parallel, laufen ineinander über und kreuzen sich.

Detailliertere Informationen über das Vorkommen der ersten Art der versteinerten Radspuren schickte mir ein Mann, der an mehreren Expeditionen zu den Spuren des Phrygischen Tals und Kappadokiens teilgenommen hat, mein Partner bei der Expedition in die Türkei, A. Kuznetsov. Hier ist ein Auszug aus seinem Schreiben:

Terminologie:
1) Gebiet: ein Gebiet auf der Karte, das durch die äußersten Radspuren, die gefunden wurden, abgegrenzt wird. Normalerweise hängt es mit der Gesteinsart zusammen – die Spuren enden dort, wo kein Tuffstein ist.

2) Gruppe: Lokale Bündel von Spuren, meist über mehrere Quadratkilometer. Außerhalb einer Gruppe gibt es keine Radspuren, auch wenn sich dort Tuffstein befindet.

3) Bündel: direkt miteinander verbundene Radspuren, die entweder zusammenlaufen oder vom gleichen Punkt ausgehen.

Entlang des Phrygischen Tals:

Im Phrygischen Tal zwischen Sofca (südwestlich von Ekeshihir – A. K.) im Norden und Kayihan (nördlich von Atignon und Gazligol – A. K.) im Süden, befinden sich Bündel. Dieses Gebiet ist etwa 75 km lang und 10–20 km breit.

In diesem Gebiet findet man große Gruppen nur im Süden – innerhalb der ersten 20 km von Kayihan bis Doger. Es gibt etwa fünf solcher Gruppen, wir haben die größte von ihnen untersucht: im Osten nordöstlich von Kayihan und im Süden, Westen, Südwesten des Emre Golu Sees. Zudem gibt es mehrere andere kleine Gruppen.

Die Spuren folgen auf einer Länge von 75 (?) oder sogar 20 km (sic!) NICHT dem Verlauf des Geländes, sondern verlaufen im Gegenteil eher senkrecht dazu; die häufigste Richtung der Spuren ist Nordost–Südwest.

Große Gruppen werden wiederum in Bündel unterteilt. In den Gebieten, die wir untersucht haben, befinden sich mehrere große Bündel, die Radspuren darin sind meist ziemlich parallel, d. h., sie verlaufen in dieselbe Richtung. Die Länge der Bündel im Phrygischen Tal ist nicht mehr als 600–700 Meter, meist erstrecken sie sich nur über 100–200 Meter.

In Kappadokien:
Die Gesamtgröße des Gebiets mit Spurrillen (Aksaray im Westen, Kayseri im Norden, Küçükcanlı (Tomarza) im Osten und Gümüşler (Nigde) im Süden beträgt 166 x 100 Kilometer, jedoch befindet sich diese an den Rändern und dazwischen gibt es viele leere Flächen.

Es gibt eine ganze Reihe von Gruppen, auch kleine, jedoch sticht eine besonders große (40 x 25 Kilometer) heraus, die voller Bündel ist.

Die Bündel in dieser Gruppe sind viel länger als im Phrygischen Tal und es können 5 km lange Gruppen von parallelen Radspuren (etwa 10 Stück) gefunden werden.

Es wird vermutet, dass sie früher mit den Punkten, die jetzt bewohnt sind, verbunden waren, da die Bündel fächerartig von den Städten ausgehen. Das ist fast offensichtlich.

Die zweite Art fossiler Radspuren findet man gemeinsam mit Steinstraßen, welche aus mittel- bis spätmiozänen, seltener paläogenen (Krim-) Sedimenten, welche sich unter kontinentalen, Lagunen- oder Küstenbedingungen abgelagert hatten, ausgeschnitten oder, wie ich in meiner Arbeit „Steinerne Becken …" gezeigt habe, eher ausgegraben wurden. Die Radspuren liegen innerhalb der Straßen, nehmen oft einen parallelen Verlauf, überlappen sich oder bilden breite Furchen, wenn mehrere von ihnen zusammenlaufen, d. h., sie verhalten sich ähnlich wie Radspuren auf einem modernen schmalen Landweg nach starken Regenfällen. Die Fahrzeugspuren sind für gewöhnlich schmaler als im ersten Fall und reichen in der Regel von 9–12 cm und von 16–

***Bild 16.2** Chufut Kale, Krim (© Alexander Koltypin)*

18 cm (am unteren Teil der Spurrillen), wobei wir an einigen Stellen auch Spurrillen gesehen haben, die nur 5–6 und 8 cm breit sind. Der Spurabstand reicht von 132–145 cm (häufiger) bis 170–180 cm.

Ausgedehnte Steinstraßensysteme

Straßen bilden verzweigte Verkehrsnetze antiker Routen, teilen sich, kreuzen sich, verbinden sich, verlaufen in Serpentinen zu Felsenstädten (Chufut Kale und Eski-Kermen auf der Krim, Castelar de Meca und Tiermes in Spanien) und führen dann über Dutzende und Hunderte von Kilometern zu anderen Felsen- oder Untergrundstädten.

Das Profil der Steinstraßen ist meist u-förmig, mit flachen senkrechten oder fast senkrechten Seitenwänden mit einer Höhe von 10–20 cm bis 2–3 m und an manchen Stellen von bis zu 4–6 m und oft schmalen 10–40 cm hohen Vorsprüngen am unteren Ende der Seitenwände. Die Breite der Fahrbahn zwischen den Seitenwänden beträgt in Spanien 157–160 cm und auf der Krim 2–3 m. Der Abstand zwischen den Radspuren von Fahrzeugen, die auf solchen Straßen fahren, beträgt in Spanien bis zu 140–150 cm.

Straßen mit einem v-förmigen Profil sind weniger häufig.

Auf vielen Steinstraßen oder deren Abschnitten sind die Radspuren deutlich zu erkennen. Es gibt auch eine große Anzahl von so genannten „Römerstraßen", die ein u-förmiges Profil, senkrechte Seitenwände (10–20 cm bis 4–6 m hoch) und eine flache Steinfahrbahn oder eine mit quartären Sedimenten bedeckte Fahrbahn haben.

Viele Straßenabschnitte sind vollständig oder fast vollständig von lockeren quartären Sedimenten bedeckt und sind im Gelände vor allem durch Schluchten, Rinnen und andere lineare Reliefelemente gekennzeichnet (die antike Straße Tiermes–Burga de Osma in Spanien, die etrusкisch-römische Straße Via cava in Italien usw.). In der Regel sind diese Straßen auf Luftbildern und Google Maps (Earth) deutlich zu erkennen.

Antike Straßen werden auch oft bei archäologischen Ausgrabungen unter modernen Landwegen gefunden. Es gibt viele Stellen, an denen sich eine in Stein gehauene (oder in den Boden

Bild 16.3 *Chufut Kale, Krim (© Alexander Koltypin)*

gegrabene und versteinerte) Straße über eine lange Strecke unter der quartären Sedimentdecke fortsetzt und direkt darüber ein von modernen Fahrzeugen befahrener Landweg liegt.

Die dritte Art von Radspuren

Zusätzlich zu den beiden oben angeführten Grundarten von Steinwegen gibt es noch eine dritte Mischform. Sie verbindet Elemente beider versteinerter Radspuren und zeichnet sich dort ab, wo Steinstraßen mit Spurrillen aus einer einmaligen Durchfahrt eines Kraftfahrzeugs zusammenlaufen oder sich kreuzen. Diese Wechselbeziehung zwischen Steinstraßen und Radspuren haben wir in Castelar de Meca (Spanien) mehrfach beobachtet.

Das globale Netz von Steinstraßen im Mittelmeerraum

Unsere langjährigen Feldstudien und ein Überblick über publizierte Arbeiten erlauben uns, von einer weiten Verbreitung auf der Erde zu sprechen, und zwar nicht nur von einzelnen und räumlich eng beieinanderliegenden Bündeln von Radspuren, sondern auch von Steinstraßen. In Spanien sind zum Beispiel mehrere Orte bekannt, in denen sich solche Straßen über Dutzende und Hunderte von Kilometern erstrecken (Tiermes–Bourgas nördlich von Madrid, Bocairent–Onteniente in der Region Valencia, die historische Onturstraße in der Gegend von Murcia). Das Vorhandensein von Steinstraßen und Radspuren in verschiedenen Teilen Spaniens (autonome Regionen Valencia, Murcia, Kastilien-La Mancha, Kastilien-León, Andalusien, Galizien und Katalonien) deutet auf das Vorhandensein eines einzigen ausgedehnten Netzes antiker Straßen hin, das sich über die gesamte Iberische Halbinsel erstreckte. Gegenwärtig werden die meisten von ihnen von lockeren quartären Sedimenten überlagert und die Straßen kommen dort zum Vorschein, wo felsiger Grund (neogene Nivellierfläche) in den Bergen ist, auf Hochebenen und als separate tektonische Blöcke zwischen Feldern.

Ein ähnliches Netz fossiler Straßen existiert offensichtlich im Krimgebirge, was dadurch belegt wird, dass es Ab- und Aufstiege von Steinstraßen von verschiedenen Seiten gibt, die zu den Felsenstädten Chufut Kale und Eski-Kermen führen, außerdem wird dies durch ihre Überlagerung durch lockere Quartärsedimente in den Tälern und das gelegentliche Auftreten kleiner Abschnitte von Steinstraßen an verschiedenen Stellen im Krimgebirge (Bachtschissarai) indiziert.

Es ist möglich, einige Teile der so genannten Römerstraßen (etruskisch-römische Straße Via Cava und römische Straße Via Clodia) als prähistorische Straßen zu betrachten, die sich von Rom nach Mancino über mehr als 150 km erstrecken – zumindest in den Fällen, in denen sie eine ähnliche Beschaffenheit wie die Steinstraßen Castellar de Meki (Meca), Bocairent (Spanien), Chufut Kale (Krim) usw. haben. Für gewöhnlich befinden sich an solchen Orten die Ruinen etruskischer Siedlungen oder etruskischer Nekropolen in der Nähe der Straßen. „Römerstraßen" gibt es nicht nur in Italien, sondern auch in Israel (Atlitus) und laut dem deutschen Forscher Uwe Schneider auch in Frankreich und Deutschland.

Laut der Untersuchung von Satellitenbildern durch A. Kuznetsov breiten sich einige Bündel von Steinspuren fächerförmig um die Punkte aus, an denen sich Siedlungen mit 1–4 km^2 Fläche befinden. Siedlungen, die größer als 4 km^2 sind, liegen in der Regel nicht auf Tuffstein und liefern kein Material für eine Statistik.

Die herrschende Ansicht ist die, dass die Radspuren und Steinstraßen von beladenen Karren in historischen Zeiten hinterlassen wurden

Trotz des häufigen Vorkommens von Steinstraßen und Radspuren werden diese nicht oder nur in sehr geringem Umfang untersucht. So gab es bis vor Kurzem offenbar keinerlei Informationen über Radspuren in Kappadokien. Wenn A. Kuznetsov, der die Spuren auf Google-Maps entdeckt hatte, mich nicht darauf hingewiesen hätte, wäre die Welt wahrscheinlich davon überzeugt geblieben, dass es in Kappadokien außer den unterirdischen Städten nichts mehr Interessantes gibt.

Die Radspuren im phrygischen Tal, die das Gebiet von Eskeshihir im Norden bis Afyion im Süden umfassen, wurden nur in einer Arbeit erwähnt: Yasemin Ozarslan. The cultic landscapes of Pgrygia (sic!). Middle East Technical University, Assist. Prof. Dr. Geoffrey D. Summers, 2010, sowie auf der Konferenz vom 20. bis 22. März 2014 in Ankara, „Verkehrswege. Straßen und Wege in Anatolien von der prähistorischen bis zur seldschukischen Zeit" (PATHWAYS OF COMMUNICATION Roads and Routes in Anatolia from Prehistory to Seljuk Times).

Bild 16.4
Chufut Kale, Krim (© Alexander Koltypin)

Über spanische Spuren ist dem englisch- und vor allem russischsprachigen Leser fast nichts bekannt. Sie werden hauptsächlich – und ohne Details – auf spanischen Tourismusseiten beschrieben.

Die steinernen Radspuren von Malta hatten ein glücklicheres Schicksal. Über sie gibt es eine Reihe von Arbeiten in englischer und sogar in russischer Sprache und sie setzen den Standard der diesbezüglichen Bildung. In der russischsprachigen Literatur (Berichte und Artikel) wird recht häufig über Steinspuren auf der Krim berichtet. Meine Erfahrung im Umgang mit englischsprachigem Publikum zeigte jedoch, dass die meisten Ausländer auch nichts über die Krimspuren wissen.

Werke, Berichte, Artikel und Notizen über Steinspuren besagen, dass sie in historischer Zeit (meist vom 2. oder 1. Jahrtausend v. Chr. bis zum 18. Jahrhundert n. Chr.) von beladenen Karren oder Wagen mit oder ohne Metallrädern hinterlassen wurden. Die Straßen entstanden durch Vertiefung des Straßenbettes in weichem Tuff-, Kalk-, Sand- und anderem Gestein als Folge wiederholter Fahrten mit beladenen Karren. Das sieht so aus. Im Laufe von 50–100, wahrscheinlich im Laufe von mehreren Hundert Jahren wurden Tuff-, Kalk- oder Sandstein durchgraben und ihr Gewicht drang bis in die Tiefe von 6 m ein und hinterließ absolut glatte senkrechte oder fast senkrechte Seitenwände der von ihnen geschaffenen Straßenschluchten. Das heißt, sie haben in hundert Jahren eine Arbeit geleistet, für die ein Bach oder Fluss Millionen von Jahren gebraucht hätte, und haben dabei auch ein perfektes u-förmiges Profil mit senkrechten Seitenwänden und rechten Winkeln erzeugt.

Diese Version, und sie ist nicht einmal eine Version, sondern die vorherrschende Meinung von Archäologen, ist interessant. Doch wie viel davon ist realistisch?

Kritik an der vorherrschenden Sichtweise. Steinstraßen und Radspuren gibt es seit dem Neogen

Ich habe in meinen Arbeiten (Straßen der Neogenzeit in der Zentraltürkei, Humanitäre Mission im Neogen ..., Radspuren der Krim ... etc.) ihre Lückenhaftigkeit und Angreifbarkeit an vielen Stellen gezeigt.

1) Radspuren und Steinstraßen sehen überall gleich aus, aber sie sind an verschiedenen Orten unterschiedlich datiert (vom 3.–2. Jahrtausend v. Chr. bis zum 16.–18. Jahrhundert n. Chr.). Da die Spuren selbst keine organischen Reste enthalten, wird ihr Alter durch das Alter der an sie angrenzenden unterirdischen Felskomplexe bestimmt, deren Bau verschiedenen Zivilisationen zugeschrieben wird (Phryger, Iberer, Etrusker, Sarmaten, Chasaren (Karaiten), Goten, Kimmerier, Römer, Byzantiner), die zwischen dem zweiten Jahrtausend v. Chr. und dem zweiten Jahrtausend n. Chr. lebten.

Ich habe wiederholt (siehe z. B. „Wann wurden die Fels- und Untergrundstädte des Mittelmeerraumes gebaut?") über die Absurdität geschrieben, absolut identische Straßen, Wege und Fels- und Untergrundkomplexe verschiedenen Epochen und Kulturen zuzuordnen und die Idee geäußert, dass sie von einer einzigen Weltzivilisation stammen, die zuvor die Weiten des Mittelmeer-,Himalaya- und Andenraumes bewohnte. Diese Zivilisation existierte lange vor den Hethitern, Phrygern, Thrakern, Ebern, Etruskern, Karaiten und anderen Völkern, denen der Bau von Fels-Untergrund-Anlagen und Steinstraßen zugeschrieben wird.

2) Die meisten Steinstraßen und Radspuren befinden sich in Gestein, welches in der mittleren bis späten miozänen Epoche des Neogens (vor 15,9–5,3 Millionen Jahren) entstanden ist. Und nur an wenigen Stellen sind sie in Gestein aus einer anderen Epoche zu finden (paläozäne und eozäne Epoche des Paläogens, vor 66,0–41,2 Millionen Jahren, auf der Bergkrim, möglicherweise, die Cognac-Santon-Stufen der Spätkreide, vor 89,8–72,1 Millionen Jahren, in Spanien und Brasilien). Die Zusammensetzung des Gesteins, auf dem sich Radspuren gebildet haben, ist unterschiedlich. Dazu gehört Tuffstein, Ignimbriten, Sandstein, Kalkstein, Mergel, Kieselsteine, Konglomerate und exotisches Gestein, wie Kalzarenite, Biocalcarenite und Biomichriten. Fast alle von ihnen sammeln sich unter kontinentalen (Sümpfe, Seen, Flüsse, Wüsten usw.), küstennahen bis marinen und Lagunenbedingungen an, d. h. auf dem Land oder phasenweise überflutetem Land (das dann die neogene Nivellierfläche bildete). Die Begrenzung der Radspuren a) auf gleichaltriges Gestein und b) auf Gestein, das durch Lithifikation (Versteinerung) von an Land abgelagerten oder phasenweise überfluteten Sedimenten entstanden ist, kann nicht durch die Hypothese des Fahrens auf einem felsigen Untergrund erklärt werden. Denn, da müssen Sie mir zustimmen, für die Kutscher war es egal, auf welchem Gestein sie fuhren – Neogen, Kreide, Devon oder Proterozoikum, das sich auf dem Land oder auf dem Meeresgrund abgelagert hatte –, denn hart war es sowieso.

Bild 16.5 *Eski-Kermen, Krim (© Alexander Koltypin)*

***Bild 16.6** Eski-Kermen, Krim (© Alexander Koltypin)*

Außerdem sind die meisten der oben angeführten Felsen so fest, dass man sie nur mit einem guten Hammer oder Vorschlaghammer bearbeiten kann. Es ist daher nicht klar, wie die Wagenräder (auch wenn sie mit Eisen verstärkt waren) bis zu 40 cm tiefe und tiefere Radspuren hinterlassen konnten, ohne die Seitenwände der Rillen zu zerstören. Die Seitenwände der Rillen sind vollkommen glatt, senkrecht, haben keine Risse, Spalten oder Beulen und weisen im Allgemeinen keine Spuren von Verformungen auf, die für die Einwirkung auf eine Substanz im festen Zustand charakteristisch sind. Gleichzeitig weisen viele Rillen deutliche Spuren von plastischem Fließen auf (Setzungen, Abrutschen, Vermischung usw.). Dies untermauert die Tatsache, dass mit mehrspurigen Fahrzeugen auf Sedimenten von neogenen Landflächen, Seen, Lagunen oder an Küsten von Ozeanen und Meeren gefahren wurde.

Es ist schwer zu erklären, wie die Fuhrwerke über viele Jahre hinweg auf den gleichen, manchmal sehr kurvenreichen Spurrillen fahren konnten, wo eine oder sogar zwei Seitenflächen fehlten, ohne abzurutschen. Außerdem zeigte die Untersuchung der Spurrillen, dass das nicht der Fall ist – oft sind mehrere parallele und sich überlappende Radspuren auf den Straßen deutlich sichtbar.

3) Die von uns untersuchten gut erhaltenen Radspuren entstanden in einer weichen Substanz (z. B. Plastilin, Zement, Ton) durch Räder und haben an einigen Stellen deutlich ausgeprägte Spuren, die vom Kratzen der Felgen an der Seitenfläche und vom Zusammendrücken einer weichen Substanz (Boden) an den Rändern der Spurrillen herrühren. Diese weiche Substanz bestand aus vulkanischer Asche, Ton, Sand, kalkhaltigem Schluff und anderen Ablagerungen. Sie verhärteten sich, nachdem Kraftfahrzeuge über sie gefahren waren. Der Aushärtungsprozess wird vermutlich, je nach klimatischen Bedingungen, von einigen Monaten bis zu mehreren Hundert Jahren gedauert haben.

4) Eine Untersuchung von modernen Bergstraßen auf der Krim und im Kaukasus, auf denen seit vielen Jahren Jeeps fahren, ergab, dass moderne Kraftfahrzeuge auf hartem Kalk- und Sandstein keine Spuren (Dellen) erzeugen und auf Kalk- oder Sandsteingeröll sehr kleine Dellen (einige Millimeter tief) entstehen lassen.

Die deutlichen Rillen (Radspuren) sind nur auf Landwegen vorhanden, wobei das Wasser gelegentlich einige der älteren Spurrillen hinunterfließt und sie schließlich zu tiefen Rinnen zwischen den späteren Spurrillen werden, die eine perfektere Form haben. An flacheren Hängen, wenn der Boden relativ trocken ist, laufen die Spurrillen zusammen und bilden schließlich zwei flache breite Streifen.

Ein ähnliches Bild beobachteten wir bei vielen Steinstraßen und Spurrillen, was auch die Theorie von Fuhrwerken, die auf felsigen Boden fahren, widerlegt.

Auch moderne Landwege in der Ebene ähneln fossilen Steinstraßen. Wenn der Boden (Untergrund) hart und trocken ist, bestehen die Landwege in der Regel aus zwei breiten, flachen, parallelen Streifen, die jeweils 2–3-mal breiter als die Spur sind. Wenn die Straße im feuchten Flachland verläuft (in der Nähe eines Flusses, eines Sees, eines Grundwasserabflusses usw.) oder wenn das Gebiet einen starken Niederschlag hat, so sind auf solchen Straßen Radspuren deutlich sichtbar, die tief in den Boden reichen. In den tiefsten Abschnitten (Schlaglöcher, Pfützen) gibt es oft Rutschspuren und Schlammvermischungen oder man sieht, dass eine Spurrille viel ausgeprägter ist als die andere usw.

Genau das gleiche Bild konnten wir auf einigen Abschnitten von Steinstraßen und Spurrillen beobachten. Dies kann nicht durch Befahrung durch Fuhrwerken auf felsigem Untergrund erklärt werden, wohl aber durch Befahrung durch Kraftfahrzeuge (Autos oder Geländewagen) auf einem feuchten Landweg.

An einigen Orten (Bocairent, Padul in Spanien) beobachteten wir fossile Steinstraßen mit einer Fahrbahn, die aus versteinertem Schotter als Bindematerial besteht – ähnlich wie Schotter im Boden (verbesserter Landweg), Zement (Betonstraße), Bitumen (Asphaltstraße). Bei diesen Straßen sind Spurrillen nur stellenweise sichtbar, meistens ist der Straßenuntergrund jedoch eben. Wenn aber in historischer Zeit beladene Fuhrwerke drübergefahren wären, dann müssten nach heutigem Stand der Wissenschaft die Spurrillen zweifelsfrei erhalten geblieben sein. Also es waren nicht Fuhrwerke, sondern Kraftfahrzeuge, wie Autos oder Geländewagen, die auf Steinstraßen gefahren sind, was bereits lang zurückliegt.

5) Steinstraßen und Spurrillen sind (für gewöhnlich auf einer neogenen Nivellierfläche) auf Bergen und felsigen Hügeln, seltener – in kleinen felsigen Gebieten unter quartären Ablagerungen (Feldern), in der Nähe von Straßen und Schluchten zu finden. Gesteinsmassive, die Radspuren aufweisen, bilden unterschiedlich große tektonische Blöcke, die durch Verwerfungen (meist Aufschiebungen und Brüche), welche aus dem Quartär stammen und, wie unsere Untersuchungen im Phrygischen Tal gezeigt haben, von pliozänen Sedimenten getrennt sind. Es gibt viele Stellen, an denen die Spuren durch tektonische Verwerfungen, wie Aufschiebungen und Brüche, scharf geschnitten sind und sich einen halben oder ganzen Meter darunter quartäre Ablagerungen befinden, die oft (besonders in Spanien) von Bauern und Landwirten umgepflügt werden. Charakteristisch ist die Überlagerung der neogenen Nivellierfläche mit lockeren quartären und wahrscheinlich pliozänen Sedimenten (unabhängig von der Gesteinszusammensetzung). Wenn man berücksichtigt, dass die Sedimente des Quartärs 2,6–0 – und die des Pliozäns 5,3–2,6 Millionen Jahre alt sind, können die Radspuren kaum jünger als aus dem späten Miozän (vor 11–5,3 Millionen Jahren) sein.

6) Die Radspuren weisen die gleiche Art von Verformungen und Witterungsspuren wie neogene Nivellierflächen auf (unabhängig von der Gesteinszusammensetzung). Sie sind von einem dichten Netz von Verwerfungen und Rissen mit unterschiedlichen Richtungsverläufen durchzogen, von denen viele dünne Abzweigungen mit hydrothermalen Mineralien ausgehen. Oft sind deren Ränder durch Erosion geglättet und von dicken Verwitterungskrusten bedeckt, die sich von der Nivellierfläche ablösen. An vielen Stellen sehen die Radspuren durch den Einfluss von Wassererosion und anderen exogenen Faktoren so alt aus, dass kein Zweifel an ihrem hohen Alter bestehen kann, welches (fast) dem von neogenen Nivellierflächen entspricht.

In meinen früheren Arbeiten (Autostraßen des Neogens in der Zentraltürkei u. a.) habe ich gezeigt, dass die Nivellierfläche auf geologischen Karten und in wissenschaftlichen Arbeiten bei der Bestimmung des absoluten Alters von Gesteinen auf das mittlere bis späte Miozän datiert wird. Ihre geschichtete (genaue Unterteilung der stratigraphischen Skala) Datierung auf verschiedenen geologischen Karten (Spanien, Türkei, Krim) führt zur Annahme, dass die Rillen über einen langen Zeitraum – von vor 15 Millionen Jahren bis vor 7 Millionen Jahren – eingeprägt wurden. Vor 15–7 Millionen Jahren war der Mittelmeerraum mit einer großen Anzahl von unterirdischen Felsstädten und einem dichten Straßennetz übersät, das von Autos oder anderen Kraftfahrzeugen genutzt wurde.

7) Ein weiteres wichtiges Argument, welches dagegenspricht, dass die Radspuren in historischer Zeit von beladenen Fuhrwerken hinterlassen wurden, und ein Hinweis auf den Ursprung aus dem Neogenalter der Steinstraßen und Radspuren ist die Absenkung und Verengung des Bodens sowohl innerhalb einzelner Radspuren als auch innerhalb der Straße selbst, was wir an einigen Stellen beobachtet haben. In der Felsenstadt Tiermes in Spanien haben wir mehrere Abschnitte dokumentiert, in denen die Radspuren einen Abstand von 205 cm (am oberen Ende der Spur) zueinander aufweisen (bei einer Radspurenbreite von 12,5–13 cm), sich am Abhang auf 95 cm reduzieren und sich dann wieder auf mindestens 143 cm vergrößern. Später wurde an einem solchen Abschnitt, der an einem steilen Hang liegt, an der Stelle, an der sich die Radspuren verengten, eine Fußgängertreppe gebaut. Natürlich war dies nur möglich, wenn die Straßen und Wege zu einer Zeit existierten, als der Boden feucht und matschig war. Und das kann kaum später als im Neogen gewesen sein.

***

Man könnte eine Reihe anderer Argumente anführen, welche die Hypothese widerlegen, dass die Steinstraßen und Radspuren von beladenen Fuhrwerken aus historischer Zeit stammen (darauf gehe ich in vielen meiner Berichte und Artikel ein), jedoch sollten die oben aufgezählten Informationen reichen, um zu belegen, dass der Mittelmeerraum im Zeitalter des Neogens dicht besiedelt war.

Kapitel 17

Areale und Koordinaten

Hier sind Areale mit Cart-Ruts aufgeführt, die ich beim Stöbern im Netz entdeckt oder selbst besucht habe.

Natürlich wäre es sehr mühsam, die Adressen hier aus dem Buch zur Suche im Netz einzutippen. Leichter ist es, auf meiner Webseite www.cartruts.de die entsprechenden Links einfach anzuklicken. Einen 100%igen Erfolg kann ich leider nicht garantieren, da Webseiten gelegentlich geändert werden.

Aserbaidschan

Apscheron Halbinsel
www.azer.com/aiweb/categories/magazine/ai103_folder/103_articles/103_cart_ruts.html
Hier finden sich Beschreibungen und Fotos unter anderem von Cart-Ruts:
„Cart ruts found in Azerbaijan on the Absheron Peninsula which are remarkably like those on Malta. They are endangered of being destroyed by nearby quarry operation.“

Brasilien

Im Netz findet sich der Hinweis auf Cart-Ruts bei Souza, Paraiba. Auf Youtube ist unter dem Titel *„Aliens? Seltsame Spuren auf Felsen gefunden“* ein kurzer Bericht darüber zu sehen.
https://www.youtube.com/watch?v=rUhXNmzdpH4&feature=youtu.be
Mehr ist mir momentan dazu nicht bekannt.

Chile

Osterinsel
Als ich erfuhr, dass es auf der Osterinsel Cart-Ruts gibt, war ich schon etwas überrascht! Sie machen zwar im Vergleich zu ihren Verwandten einen eher „zarten“ Eindruck, aber dort, am Ende der Welt, hätte ich sie nicht vermutet.
An der Nordküste der Osterinsel, so Gunder Seidler, befindet sich Papa Vaka, eine glatte Basalt-Gesteinsfläche, auf der viele Petroglyphen mit maritimen Motiven angebracht sind. Hier finden sich auch die Cart-Ruts.

China

Auf http://www.megaliths.org/browse/category/27/view/753 fand ich folgenden Hinweis: *Qin Huang Cart Ruts Hebei China.*
Nähere Details sind mir nicht bekannt.

Deutschland

Albstadt
Direkt südlich von Albstadt, auf dem Sieben-Kreuzle-Weg, finden sich teilweise sehr gut erhaltene Fahrzeugspuren im Kalkstein.

Ungefähre Koordinaten:
48° 12‘ 07“ N, 9° 01‘ 33“ O

Bacharach
Oberhalb von Bacharach am Rhein, ca. 400 m vor dem Ortsteil Neurath und direkt neben der Straße gelegen, finden sich einige Spuren im bearbeiteten Fels.

Ungefähre Koordinaten:
50° 03‘ 15“ N, 7° 45‘ 46“ O

Buchenberg
An der Straße von Buchenberg (bei Kempten im Allgäu) nach Wengen, kurz hinter Buchenberg, findet sich links der Straße ein ca. 3 m tiefer Einschnitt in der Landschaft, auf dessen Grund Wagenspuren im Fels zu finden sind.

Ungefähre Koordinaten:
47° 41‘ 22“ N, 10° 13‘ 40“ O

Externsteine
Geschichtsinteressierte Enthusiasten haben 1,2 km südwestlich der Externsteine einen Hohlweg freigelegt, in dem Wagenspuren im Gestein zu finden sind. Leider war bei unserem Besuch ein Teil durch einen umgestürzten Baum stark in Mitleidenschaft gezogen worden.

Ungefähre Koordinaten:
51° 51‘ 49“ N, 8° 54‘ 07“ O

Iliantreppe
Circa 2 km östlich von Nörten-Hardenberg befindet sich oberhalb des Wirtshauses Rodetal die so genannte Iliantreppe; im Sandstein befinden sich sehr gut erhaltene Fahrspuren.

Ungefähre Koordinaten:
51° 37‘ 28“ N, 9° 58‘ 25“ O

Kniebis
In einem Waldstück in Kniebis bei Freudenstadt (Schwarzwald) findet sich ein kurzes Stück mit Felsengeleisen, die Spurbreite beträgt ungefähr 1,14 m.

Ungefähre Koordinaten:
48° 28‘ 21“ N, 8° 18‘ 14“ O

Langenstein
Nördlich des Harzes befindet sich der Ort Langenstein mit einer besonderen und sehr interessanten Sehenswürdigkeit. Im Sandstein eingeschnitten, befindet sich ein Aufweg auf die Altenburg, von der aber nur noch Mauerreste zu sehen sind.
Die Basis des Weges macht einen abgeschliffenen Eindruck, auch finden sich sehr schmale Cart-Ruts.

Ungefähre Koordinaten:
5° 51‘ 10“ N, 10° 58‘ 58“ O

Leistadt
Westlich von Leistadt gibt es einen historischen Rundwanderweg, der an allerlei bearbeiteten Felsen und Steinen entlangführt. Unterwegs finden sich zwei kurze Abschnitte mit Cart-Ruts im Sandstein.

Ungefähre Koordinaten:
49° 29‘ 47,1“ N, 8° 09‘ 25,2“

Frankreich
Hier ist ein kurzes Video über meine Reise im Sommer 2018 zu Cart-Ruts in Frankreich und Spanien zu sehen: https://www.youtube.com/watch?v=4aWGja4c04k

La Couronne
Ungefähr 25 Kilometer westlich von Marseille, am Meer gelegen, finden sich bei La Couronne in der Nähe des Leuchtturms einige Areale mit Cart-Ruts. Das größte dieser Areale erinnert (wie z. B. Clapham Junction, Malta) an einen Rangierbahnhof mit vielen Gleisen und Weichen. Die anderen Areale mit Felsengeleisen finden sich ca. 200 m nordöstlich und ca. 400 m nordwestlich des Leuchtturmes am Cap Couronne.

Koordinaten des „Rangierbahnhofs“:
43° 19‘ 47“ N, 5° 03‘ 37“ O

Saint-Chamas
Eine sehr interessante Stelle! Über einen kleinen Fluss führt eine historische römische Brücke, Le Pont Flavien. Und es finden sich Spuren.

Koordinaten der Brücke:
43° 32‘ 29“ N, 5° 02‘ 35“ O

Sigean
Eine „Römerstraße“ vom Feinsten! Hier ist eine ca. 30 m lange Spur freigelegt worden, die, so wird es vor Ort erklärt, ein Teil der Via Domitia ist.

Ungefähre Koordinaten:
43° 01‘ 04“ N, 2° 56‘ 53“ O

Saverne
Gleich westlich von Saverne im Elsass (nach einigen S-Kurven gibt es einen Parkplatz und von da sind es vielleicht nur 5 Minuten Fußweg) finden sich am Fuße schöner Sandsteinklippen vermutlich freigelegte und gut erhaltene Spuren.

Ungefähre Koordinaten:
48° 44‘ 56“ N, 7° 20‘ 25“ O

Archäologische Stätte von Panissars
Nicht weit von Le Perthus, nahe der Grenze zu Spanien, finden sich in vermutlich römischen Ruinen auf einer Länge von ca. 20 m stark verwitterte Spuren.

Koordinaten:
42° 27‘ 18.80“ N, 2° 51‘ 15“ O

Raon-lés Leau
Nördlich von Raon-lés Leau in den nördlichen Vogesen, circa 2 km Luftlinie entfernt, findet sich im Wald ein aus ziemlich ebenen Natursteinen gepflasterter Weg, der sehr präzise eingeschnittene Spuren aufweist.

Ungefähre Koordinaten:
48° 31‘ 50“ N, 7° 06‘ 14“ O

Griechenland (GR)
Noch sind mir keine Einzelheiten bekannt, aber ich vermute stark, dass es auch in Griechenland diese Spuren gibt.

Indien
Selbst in Indien bei Rajagriha sind nun Cart-Ruts gesichtet worden, wieder dank der Informationen von Uwe Topper:

„Im Jahr 2002 teilte Franz Brätz erstaunliche Felsengleise aus Indien mit: Bei der Königsresidenz Rajagriha in Bihar gibt es Karrengleise im Vulkangestein (!), die wie mit einem Messer in weichen Käse geschnitten sind. Sie beginnen am Südtor der äußeren Zyklopenmauer und sind etwa anderthalb Kilometer lang. Der Wall dort ist 40 km lang und bis zu 4 m hoch, aus Steinblöcken von 11,5 m Länge errichtet. Dieser Ort war Schauplatz des ersten buddhistischen Konzils, sowohl Siddharta als auch Mahavira hatten hier gelebt."
http://www.ilya.it/chrono/dtpages/gleisedt.neu.html
Aber auch hier finden sich Informationen zu Spuren bei Bidar in Indien:
http://www.megaliths.org/browse/category/27/view/948

Italien Festland

Als ich mich ab 2014 mit der Thematik der Cart-Ruts zu beschäftigen begann, war ich erstaunt, wie viele bis dato noch unbekannte Areale zu entdecken waren.
Selbst die Auflistung in dem von der EU geförderten Projekt zeigt nur einen kleinen Teil der vorhandenen Spuren.

Necropoli della Banditaccia
Selber habe ich diesen Ort noch nicht besucht, aber hier finden sich Bilder und Beschreibungen:
http://www.dopotopa.com/necropol_chervetery_kolei_italia.html

Monopoli
Auf einem schmalen Streifen unbebauten Landes finden sich auf Google Earth zahlreiche Felsengeleise.

Koordinaten:
40° 56‘ 37“ N, 17° 17‘ 39“ O

Und hier zwei weitere Stellen, dokumentiert von Monika Trinkler:
https://www.malta-cartruts.ch/karrenspuren/Provinz%20Bari/album/Monopoli/index.html

Koordinaten:
40° 56‘ 25.66“ N, 17° 18‘ 36.51“ O

Koordinaten:
40° 56‘ 28.42“ N, 17° 18‘ 24.27“ O

Franzenfeste bei Brixen
Stark verwitterte Spuren im Granit!

Koordinaten:
46° 47‘ 17.2“ N, 11° 36‘ 45.6“ O

Donnas
In dem Buch *The Significance Of Cart-Ruts In Ancient Landscapes* (Malta, 2005) wird auf Cart-Ruts in Donnas, Valle d'Aosta, hingewiesen.
Hier finden sich Bilder der Spur:
https://www.malta-cartruts.ch/karrenspuren/Aostatal/album/Donnas/index.html

Koordinaten:
45° 36‘ 8.11“ N, 7° 45‘ 39.83“ O

Insel Sardinien

Su Crucifissu Mannu
Ca. 4 km südöstlich der Hafenstadt Porto Torres finden sich auf einem ca. 700 x 100 m großen Geländeabschnitt eine Menge an Felsengeleisen im Kalkstein. Das größte Areal (ca. 130 x 40 m) erinnert sehr an die vielen chaotischen Spurverläufe von Clapham Junction auf Malta.

Koordinaten:
40° 48‘ 41“ N, 8° 26‘ 31“ O

Villa Sant'Antonio
Circa 1,7 km nördlich des Ortes befindet sich ein etwa 1 km langer Wegabschnitt, auf dem einige Stellen mit Cart-Ruts zu finden sind.

Koordinaten des Weges im Osten:
39° 52‘ 27“ N, 8° 53“ 44“ O

Koordinaten des Weges im Westen:
39° 52‘ 31“ N, 8° 54‘ 24.50“ O

Monte Sirai
Nordwestlich von Carbonia finden sich zwei kleinere Stellen mit Felsengeleisen. Ein Besuch steht noch aus.

Ungefähre Koordinaten:
39° 10‘ 29.44“ N, 8° 29‘ 18.44“ O

Ungefähre Koordinaten:
39° 10‘ 20.68“ N, 8° 29‘ 18.61“ O

Insel Sizilien

Agrigent
Bei den archäologischen Stätten von Agrigent sind auf Google Earth beeindruckende Felsengeleise zu sehen.

Ungefähre Koordinaten:
37° 17' 19.26" N, 13° 35' 57.71" O

Ungefähre Koordinaten:
37° 17' 24.56" N, 13° 35' 13.46" O

Ungefähre Koordinaten:
37° 17' 26.20" N, 13° 35' 11.84" O

Ungefähre Koordinaten:
37° 17' 23.89" N, 13° 35' 11.70" O

Syrakus Nord A
Im Norden von Syrakus, kurz vor dem Meer gelegen, gibt es ein fantastisches Areal mit Spuren im Kalkstein. Mit seinen Abmessungen von ca. 350 x 150 m ist es nicht so groß wie Clapham Junction (Malta) oder Su Crucifissu Mannu (Sardinien), aber genauso beeindruckend.

Koordinaten:
37° 06' 13" N, 15° 15' 40" O

Syrakus Nord B
Nur etwa 150 m südlich des eben beschriebenen Areals (Syrakus Nord A) findet sich eine gut erhaltene Spur, die von einem höheren Geländeniveau auf die Geländehöhe von Syrakus Nord A führt.

Koordinaten:
37° 06' 7.10" N, 15° 15' 37.49" O

Syrakus Nord C
Ungefähr 1,4 km östlich des Areals Syrakus Nord A befindet sich nahe des Rad/Wanderweges eine einzelne Spur, die in Richtung Meer verläuft.

Koordinaten:
37° 6' 22.33" N, 15° 16' 36.91" O

Syrakus West
Hier finden sich teilweise gut erhaltene Spuren, der weitere Verlauf in beiden Richtungen lässt sich aber wie so oft nicht mehr feststellen.

Koordinaten:
37° 05' 06" N, 15° 14' 23" O

Syrakus, Città Giardino
Hier befinden sich stark verwitterte Spuren zwischen dem Ort und der Autobahn.

Koordinaten:
37° 06' 07" N, 15° 11' 54" O

Ein kurzes und ebenfalls stark verwittertes Stück südlich des Ortes.

Koordinaten:
37° 05' 59.20" N, 15° 12' 52.29" O

Eine ca. 40 m lange Spur, die ich leider nicht besucht habe.

Koordinaten:
37° 06' 02.42" N, 15° 13' 19.44" O

Japan

Saw Mountain
Beim Stöbern im Netz habe ich diese Stelle entdeckt! Diese Cart-Ruts mit den Schleifspuren an den Seiten erinnern mich sehr an die anatolischen Spuren.
http://www.atlasobscura.com/places/saw-mountain

Krim

Eski-Kermen
In einer interessanten, aus Kalksteinklippen bestehenden Landschaft finden sich neben Felsengeleisen zahlreiche in den Felsen eingearbeitete Räume und Nischen.
Informationen über Eski-Kermen sind hier zu finden:
http://www.dopotopa.com/okamenevshie_kolei_kryma.html

Ungefähre Koordinaten:
44° 36' 35" N, 33° 44' 23" O

Kroatien (HR)

Zwischen Krupa und Ervenik soll es eine ca. 10 km lange Strecke mit Felsengeleisen geben. Näheres ist mir leider noch nicht bekannt.

Libanon

Es sieht so aus, als würde es die Spuren auch im Libanon geben.
Näheres ist mir leider nicht bekannt.
http://www.megaliths.org/view/815

Libyen

Uwe Topper schreibt: „*Curt Merckel („Die Ingenieurtechnik im Altertum", Berlin 1899) beschrieb die ‚Fahrspuren aus phönizischer Zeit' in Cyrene, jener rund 400 Meter über dem Meeresspiegel liegenden alten Stadt der Cyrenaika (heute in Libyen), ‚die von dem Riesen Battos gegründet worden war'.*"
http://www.ilya.it/chrono/pages/gleisedt.htm
Mehr ist mir nicht bekannt.

Luxembourg

Ein schönes Video auf Youtube belegt, dass es auch in Luxembourg Cart-Ruts gibt!
Sie machen einen sehr gut erhaltenen Eindruck und ich habe ein Reiseziel mehr!
https://www.youtube.com/watch?v=d8fegyKSl-I

Malta

Insel Malta

Die Inseln, die das Mysterium der Cart-Ruts bekannt gemacht haben! Hier liste ich nur Areale auf, die ich besucht habe. Die Auflistung orientiert sich an David H. Trump.

01. San Ġwann
Koordinaten:
35° 54' 40.50" N, 14° 28' 41.05" O

02. Għar Dalam
Koordinaten:
35° 50' 10.91" N, 14° 31' 40.93" O

04. St. George's Bay
Koordinaten:
35° 49' 53.18" N, 14° 31' 50.56" O

09. Laferla Cross
Koordinaten:
35° 50' 45.58" N, 14° 24' 48.59" O

13. Dingli Cliffs
Koordinaten:
35° 51' 5.61" N, 14° 23' 13.02" O

14. Clapham Junction oder Misraħ Għar il-Kbir, Buskett
Der Klassiker unter den Cart-Ruts-Arealen! Auf einer Fläche von ca. 600 x 300 m finden sich unzählige Spuren, die oft einen chaotischen und sich überschneidenden Verlauf aufweisen.

Koordinaten:
35° 51' 10" N, 14° 23' 50" O

22. Nadur Tower
Koordinaten:
35° 54' 0.78" N, 14° 22' 34.34" O

23. Ta' San Ġakbu
Koordinaten:
35° 52' 35.12" N, 14° 21' 40.96" O

32. San Pawl tat-Tarġa
Koordinaten:
35° 55' 32.66" N, 14° 26' 14.23" O

39. Żebbiegħ 2
Koordinaten:
35° 55' 9.32" N, 14° 22' 22.18" O

51. Qala il-Pellegrin
Auf einem schön gelegen Tafelberg oberhalb der Gnejna-Bay befindet sich eine sehr beeindruckende Spur, die an der Klippe im Nebel der Vergangenheit verschwindet.

Ungefähre Koordinaten:
35° 54' 56.38" N, 14° 20' 12.44" O

52.1 Xemxija
Oberhalb des Ortes gibt es einige Areale mit Spuren (die folgende Auflistung ist nicht vollständig).
Zu Beginn das schönste Areal:

Koordinaten:
35° 57' 07.51" N, 14° 22' 58.96" O

Weitere Areale:
Koordinaten:
35° 57' 03.05" N, 14° 22' 53.86" O

Koordinaten:
35° 56' 59.30" N, 14° 22' 46.56" O

Koordinaten:
35° 57' 00.19" N, 14° 22' 40.37" O

59. Mellieħa Bay
Koordinaten:
35° 58' 4.91" N, 14° 21' 6.88" O

60. Għadira
Die Spuren sind sehr stark verwittert; ich habe sie vor Ort nicht entdecken können, obwohl sie auf Google Earth zu sehen sind.

Ungefähre Koordinaten:
35° 58' 05" N, 14° 20' 46" O

Die nächsten Areale sind in dem Büchlein von David H. Trump nicht aufgeführt.

Mellīħa
Koordinaten:
35° 57' 46.12" N, 14° 22' 27.91" O

Ċirkewwa, oberhalb der Paradise Bay
Unweit des Fährhafens und des Paradise Bay Resort Hotels im Nordwesten der Insel Malta finden sich zwei Spuren, die an der Steilklippe verschwinden. Meiner Meinung nach ist dies ein erneuter Hinweis auf ein hohes Alter der Spuren.

Koordinaten:
35° 59' 00.81" N, 14° 20' 04.53" O

Koordinaten:
35° 58' 56.89" N, 14° 20' 02.95" O

Saint Paul's Bay
Das Areal, auf dem sich eine Spur befindet, heißt Għar Għasfur.

Koordinaten:
35° 56' 52.42" N, 14° 23' 34.98 O"

Is-Salina
Eine sehr gut erhaltene Spur im Hof einiger Gebäude bei Is-Salina:

Koordinaten:
35° 56' 46.51" N, 14° 25' 28.87" O

Wardija Ridge
In der Gegend, in der der Höhenzug Wardija Ridge von dem Tal mit der Verbindungsstraße Mġarr/Żebbiegħ – Xemxija eingeschnitten ist, finden sich beiderseits der Straße auf den Anhöhen einige Spuren. Ein vollständige Auflistung dieser Areale findet sich auf der Webseite von Monika Trinkler unter Il-Ħotba ta'San Martin/ Mġarr und Wardija/San Pawl il-Baħar (www.malta-cartruts.ch).
Östlich der Straße befindet sich eine von einem kleinen Steinbruch unterbrochene, gut erhaltene Spur.

Koordinaten:
35° 56' 16.63" N. 14° 23' 1.43" O

Westlich der Verbindungsstraße Mġarr/Żebbiegħ – Xemxija finden sich viele kurze und stark verwitterte Fragmente.

Ungefähre Koordinaten:
35° 56' 10" N, 14° 22' 36" O

Insel Gozo
63. Tan-Nemes, Qala
Koordinaten:
36° 1' 53.51" N, 14° 19' 41.46" O

67. Ta' Ċenċ
Koordinaten:
36° 1' 7.57" N, 14° 15' 3.60" O

Koordinaten:
36° 1' 5.68" N, 14° 15' 37.95" O

70. Dwejra
Koordinaten: 3
6° 3' 12.48" N, 14° 11' 22.18" O

Mexiko
Tlaxcala
Näheres ist mir nicht bekannt. Momentan sieht es leider so aus, als wäre die Webseite nicht mehr online.
http://www.cartrutsmalta.com/tlaxcala-mexico-cart-ruts-tracks/

Österreich
Glasenbach
Sehr kurze „Römerspuren" finden sich in der Nähe von Salzburg.

Koordinaten:
47° 46' 17,1" N, 13° 5' 18,7" O

Tiffen
Eine ebenfalls sehr kurze Spur, eventuell ist sie durch Steinbrucharbeiten entstanden.

Koordinaten:
46° 42' 25,3" N, 14° 3' 23,6" O

Warmbad Villach
Eine teilweise sehr gut erhaltene Spur, die sich mit Unterbrechungen über eine längere Strecke verfolgen lässt. Mit einer Spurbreite von nur 100 cm ist sie wohl die kleinste Spur, die ich je gesehen habe.

Der nördliche Teil der Spur:
Koordinaten:
46° 35‘ 6,2“ N, 13° 49‘ 8“ O

Der südliche Teil der Spur
Koordinaten:
46° 34‘ 49,2“ N, 13° 48‘ 41.6“ O

Ein abseits der Hauptspur durch Zufall gefundenes Spurfragment:
Koordinaten:
46° 34‘ 49,1“ N, 13° 48‘ 42.4“ O

Portugal

Azoren
Auf der Inselgruppe der Azoren gibt es einige Areale mit Cart-Ruts, die Hans-Dieter Gau, ein Kenner der Inseln, bereits mehrfach erkundet hat.
Zum Thema gibt es hier ein sehr schönes Video zu sehen:
https://www.youtube.com/watch?v=8FSgU5waxxA

Serra d‘Estrela
Hier finden sich Informationen über die Cart-Ruts in der Serra d‘Estrela und auf den Azoren.
http://www.ancient-wisdom.com/portocartruts.htm

Schweiz

Oberer Hauenstein
Links der Straße von Waldenburg nach Langenbruck, an einer Engstelle gelegen, finden sich am Hang einige Meter einer gut erhaltenen „Römerstraße“. Die Spurbreite beträgt 1,10 m.

Ungefähre Koordinaten:
47° 21‘ 20“ N, 7° 45‘ 39“ O

Effingen
Links der Straße von Effingen nach Neustalden finden sich Geleise am Berghang. Nähere Einzelheiten sind nicht bekannt.

Ungefähre Koordinaten:
47° 29‘ 12“ N, 8° 07‘ 21“ O

Spanien

Hier ist ein kurzes Video über meine Reise im Sommer 2018 zu Cart-Ruts in Frankreich und Spanien zu sehen:
https://www.youtube.com/watch?v=4aWGja4c04k

Alcañiz
Ironischerweise finden sich im Umfeld der Autorennstrecken vom Motorland Aragon bei Alcaniz einige interessante Areale mit Cart-Ruts. Einzelheiten sind hier zu finden:
http://historiasdelbajoaragon.blogspot.de/2012/05/antiguos-caminos-carreteros-y-rodadas.html

Koordinaten:
41° 04‘ 39.90“ N, 0° 11‘ 33.62“ W

Alicante
Westlich des Wohngebietes San Gabriel/Alicante finden sich am westlichen Rand von Sandsteinklippen einige Stellen mit sehr aussagekräftigen Spuren in Bezug auf die Erosion und ein damit verbundenes mögliches hohes Alter.

Koordinaten der südlichsten Spuren:
38° 19‘ 15“ N, 0° 31‘ 34.34“ W

Alicante/Urbanova
Keine 100 m vom Strand entfernt findet sich auf felsigem Untergrund ein kurzer Abschnitt mit Cart-Ruts.

Koordinaten:
38° 17‘ 18.28“ N, 0° 31‘ 15.58“ W

Bocairent
Nördlich von Bocairent, gleich unmittelbar am Ort, befindet sich ein Tal mit interessanten Steinbrüchen und einem kurzen Abschnitt mit Cart-Ruts.

Ungefähre Koordinaten:
38° 46‘ 10“ N, 0° 36‘ 40“ W

Bonavista/Elche
Circa 1 km nördlich von Bonavista bei Elche befindet sich im Sandstein ein gewundenes Tal mit sehr schönen und teilweise sehr gut erhaltenen Spuren. Ein Besuch ist sehr zu empfehlen!

Koordinaten:
38° 18‘ 39“ N, 0° 40‘ 31“ W

Cadiz
Und wieder finden sich bei Uwe Topper interessante Fundstellen mit Cart Ruts, hier an einer Stelle in Cadiz, die nur bei Ebbe erreichbar ist.
http://www.ilya.it/chrono/dtpages/gleisedt.neu.html
Koordinaten sind mir nicht bekannt.

Castellar de Meca
Castellar de Meca ist meiner Meinung nach ein besonderer Ort!

Koordinaten:
38° 57' 36" N, 1° 09' 16" W

El Padul
Uwe Topper berichtet über diese stark erodierten Spuren im Süden Spaniens, aber auch in dem Eu-Projekt werden diese Spuren beschrieben. http://www.ilya.it/chrono/dtpages/gleisedt.neu.html

Ungefähre Koordinaten:
37° 00' 23.10" N, 03° 37' 25.10" W

Jumilla, Ruta de la Pedrera
Ungefähr 11 km nordöstlich von Jumilla, in einem kleinen Tal, finden sich neben einer prähistorischen Felsmalerei und einigen kleinen Steinbrüchen (mit wieder interessanten Schrämmspuren, siehe Bocairent) einige Areale mit Cart-Ruts und Einzelspuren.

Koordinaten des Taleinganges:
38° 32' 17" N, ° 25' 24" W

L'Espunyola
Ein unverhoffter Zufallsfund während der Fahrt zum Campingplatz in Solsona! Allerdings besteht er durchwegs, soweit ich es sehen konnte, nur aus diesen merkwürdigen Einzelspuren.

Koordinaten:
42° 03' 18" N, 1° 45' 10" O

La Tallada de Caspe
Circa 13 km westlich von Caspe findet sich auf einem Sandsteinplateau eine archäologische Sehenswürdigkeit mit einer Spur, die vom Klippenrand ins Nichts führt!

Koordinaten der Spur:
41° 13' 12.53" N, 0° 11' 26.73" W

Peratallada
Die ist ein kleiner schöner Ort in Katalonien, der auf bearbeitetem felsigem Untergrund errichtet wurde. Und in einer Gasse sind tatsächlich Spuren zu sehen!

Koordinaten der Cart-Ruts:
41° 58' 41", 3° 05' 21.24" O

Tiermes
Circa 120 Kilometer nordöstlich von Madrid befindet sich die archäologische Stätte Tiermes. Die hier vorhandenen Felsengeleise bereiste Uwe Topper bereits 1972.
http://www.ilya.it/chrono/pages/gleisedt.htm
Aber auch auf den Seiten von Alexander Koltypin finden sich Informationen und Fotos.
http://www.dopotopa.com/skalniy_gorod_tiermes_ispania.html

Die ungefähren Koordinaten:
41° 19' 43.90" N, 03° 09' 00.06" W

Tolmo de Minateda
Circa 9 km südwestlich von Hellin befindet sich auf einem kleinen Sandsteinplateau der Archäologische Park El Tolmo de Minateda. Auf dem Weg, der nach oben führt, finden sich einige Cart-Ruts.

Ungefähre Koordinaten des Aufweges:
38° 28' 38" N, 1° 36' 33" W

Mallorca
Auf der Webseite von Uwe Topper finden sich Hinweise auf Cart-Ruts:
http://www.ilya.it/chrono/dtpages/gleisedt.neu.html

Menorca
Auch hier soll es Cart-Ruts geben, mir liegen aber noch keine Daten oder Details dazu vor.

Türkei

Phrygien in Westanatolien
Die zweite Reise zum Thema Cart-Ruts führte mich nach Westanatolien, in eine Tuffsteinlandschaft, die an Kappadokien erinnert. Sicherlich ist sie nicht ganz so spektakulär, aber trotzdem schön und interessant.
Diese Region, auch Phrygien genannt, liegt etwa 250 km Luftlinie nördlich von Antalya. Hier finden sich an einigen Stellen, die nicht weit voneinander entfernt sind, jede Menge an Fahrzeugspuren im Tuff.
Es ist kaum zu glauben, dass diese in Quantität und Qualität sehr beeindruckenden Spuren in der westlichen Welt praktisch nicht bekannt waren.
Die Informationen dazu fand ich beim Stöbern im Netz auf einer russischen Seite (http://lah.ru/expedition/tur2014/text.htm).

Ich möchte die Fundorte nach den in der Nähe befindlichen Orten wie folgt benennen: Üçlerkayası/Döğer, Bayramaliler, Kayıhan, Ayazini/Midasstadt/Yazılı.
Über diese Reise finden sich auf Youtube zwei Beiträge:
https://www.youtube.com/watch?v=cByhg1os-tM
https://www.youtube.com/watch?v=PB1yY6GBZZY

Alle Orte sind sehenswert und wirklich sehr beeindruckend, man kommt aus dem Staunen nicht mehr heraus. Tagelang könnte man in dieser Region unterwegs sein, denn unglaublich viele Spuren mit ihren skurrilen Erscheinungen sind zu entdecken.
Für alle, die nicht gerne in der Wildnis zelten, ist Gazlıgöl mit seinen vielen Hotels (es gibt hier auch Thermalbäder, die durch heiße Quellen gespeist werden) als Ausgangsbasis zu empfehlen.

Ayazini
„Der Ort liegt in einem von Südwesten nach Nordosten verlaufenden Tal, das eine Tufflandschaft aufweist, die von Felsenkirchen und -wohnungen in der Art der kappadokischen Höhlenbauten durchzogen ist.“https://de.wikipedia.org/wiki/Ayazini
An einer Stelle sind kurze und stark verwitterte Spuren zu sehen.

Ungefähre Koordinaten:
39° 00‘ 48“ N, 30° 34‘ 12“ O

Bayramaliler
Circa 1 km nördlich des Ortes befindet sich ein kleinerer Tafelberg und von diesem ausgehend in westlicher bis südwestlicher Richtung finden sich viele, zum Teil stark erodierte Spuren. In dieser Richtung könnte es noch einiges zum Entdecken geben.

Koordinaten einer markanten Spur:
39° 05‘ 40.30“ N, 30° 28‘ 19.50“ O

Fahren wir vom Tafelberg ungefähr 1,5 km weiter in Richtung Norden, so kommen wir zu der wohl „verrücktesten“ Stelle mit Cart-Ruts, die ich je gesehen habe. Wer kann mir erklären, wie diese Spuren entstanden sind?

Koordinaten:
39° 06‘ 29“ N, 30° 28‘ 30“ O

Kayıhan
Nordöstlich des Ortes finden sich in einer halbwüstenähnlichen Tufflandschaft unzählige Fahrzeugspuren. Auf Google Earth (die Option *Historische Bilder* ist zu empfehlen) lassen sie sich ohne Mühe finden.

Midasstadt/Yazılı
„Midasstadt, türkisch Midas Şehir, auch Midas Şehri, ist neben Gordion eine der wichtigsten phrygischen Ruinenstätten im anatolischen Hochland, rund 50 Kilometer nordöstlich von Afyon und 30 Kilometer südlich von Seyitgazi in der türkischen Provinz Eskişehir beim heutigen Dorf Yazılıkaya.“
https://de.wikipedia.org/wiki/Midasstadt
Ein Aufweg auf das Plateau führt über einen nicht sehr langen, aber gut erhaltenen Abschnitt mit Cart-Ruts.
Aber auch sonst ist diese Stätte einen Besuch wert, es gibt viele in den Tuffstein eingearbeitete Monumente und Gewölbe.

Ungefähre Koordinaten der Spuren:
39° 11‘ 54“ N, 30° 42‘ 32.33“ O

Üçlerkayası/Döğer
Nördlich des Ortes Üçlerkayası finden sich ebenfalls sehr viele Spuren. Besonders zu empfehlen sind die Spuren westlich eines kleinen Tafelberges.

Ungefähre Koordinaten:
39° 06‘ 09“ N, 30° 25‘ 08“ O

Kappadokien
Durch Hinweise von Alexander Koltypin und Andrew Kusnetzow stieß ich auf das wohl größte bisher bekannte Gebiet mit Cart-Ruts weltweit, selbst Malta rutscht dadurch auf den zweiten Platz!
http://www.dopotopa.com/dorogi_neogenovogo_vremeni_kappadokia_turtsia.html
Ohne diese Informationen wären uns diese Spuren verborgen geblieben.
Vielen Dank an Alexander Koltypin und Andrew Kusnetzow für ihre Informationen!
Mittlerweile war Andrew Kuznetsov in Kappadokien und hat eine Drohne fliegen lassen. Fantastisch!
https://www.youtube.com/watch?v=_X82FT6QKYo&fbclid=IwAR18GLS0JhMouvn4IRQBGLDRxb-CD3BkFWxickzG-Mk3cG7rUamhOJ7nh0Mw
Kayseri 1
Ein Riesenareal im Norden von Kayseri!

Koordinaten:
38° 47' 39" N, 35° 35' 16" O

Kayseri 2
Gegenüber vom größten Areal 1 und von diesem durch eine großzügig gebaute Straße unterbrochen liegt das zweite Areal.
Auffällig und traurig ist, dass viele Spuren zugemüllt sind oder, noch schlimmer, mit Bauschutt bedeckt, für immer verschwunden sind.

Koordinaten:
38° 47' 39.22" N, 35° 35' 26.10" O

Kayseri 3
Leider dienen auch hier diese Flächen zur Entsorgung von Bauschutt bzw. Betonresten.

Koordinaten:
38° 47' 27.63" N, 35° 35' 15.15" O

Kayseri 4
Hier finden sich relativ wenige Spuren. Das Areal wird mittlerweile mit kleineren Häusern bebaut.

Koordinaten:
38° 46' 56.60" N, 35° 36' 49.49" O

Kayseri 5
Eine große Fläche mit vielen und noch nicht zugeschütteten Spuren! Ein ehemaliger Steinbruch?
Ich denke, dass dies eine Wunschvorstellung professioneller Archäologen ist, um keine Probleme mit der offiziellen und konservativen Geschichtsschreibung zu bekommen.

Koordinaten:
38° 47' 3.13" N, 35° 37' 15.76" O

Kayseri 6
Eine sehr interessante Stelle! Sind doch die Spuren wie in Westanatolien tiefe Einschnitte im Tuff.
Leider ist auch hier schon viel unter Bauschutt verschwunden.

Koordinaten:
38° 46' 59.39" N, 35° 34' 46.21" O

Ağırnas A
Auf einer weitläufigen Ebene westlich von Ağırnas finden sich mehrere Areale, von denen wir zwei besucht haben.
Relativ weit von der Ortschaft entfernt, sind sie zum Glück nicht zugemüllt.
Lediglich der Zahn der Zeit hat wieder beachtliche Spuren hinterlassen – oder mit anderen Worten: die Erosion.

Koordinaten:
38° 50' 9.04" N, 35° 41' 43.38" O

Ağırnas B
Typische anatolische Cart-Ruts.

Koordinaten:
38° 49' 49.84" N, 35° 41' 28.54" O

Turan
Dies war ein Zufallsfund während der Fahrt nach Ağırnas. Ich möchte an dieser Stelle darauf hinweisen, dass die Auflistung der Areale mit Cart-Ruts in diesem Buch nicht vollständig sein kann.
Hier in Zentralanatolien finden sich in einer Region von ca. 100 km x 40 km immer wieder Areale mit Cart-Ruts. Und für interessierte „Freizeitforscher" ist eine komplette Auflistung aller Areale oder einzelner Spurfragmente vollkommen unmöglich.
Vermutlich ist dies auch nicht zwingend notwendig, aber es besteht immerhin die Möglichkeit, dass vielleicht einmal eindeutige Hinweise oder gar Artefakte gefunden werden, die Licht in das Dunkel der noch nicht einmal ansatzweise vernünftigen Theorien wirft.

Koordinaten:
38° 47' 29.58" N, 35° 41' 31.66" O

Vekse
Im Umfeld von Vekse finden sich einige Areale mit Spuren. Interessierte werden auf Google Earth fündig. Wir haben zwei Areale besucht.

Koordinaten:
38° 48' 15.88" N, 35° 39' 38.98" O

Vekse Nord#
Folgende Spuren finden sich nördlich eines kleinen fruchtbaren grünen Tals unweit einer Bauschuttdeponie.

Koordinaten:
38° 48' 38.05" N, 35° 40' 39.57" O

Başköy
Circa 1,5 km westlich von Başköy (an der Landstraße von Yeşilhisar nach Derinkuyu liegend) findet sich auf der Hochebene ein sehr großes und spektakuläres Areal mit endlos vielen parallelen Spuren.

Koordinaten des westlichen Endes der Spuren:
38° 23‘ 16.12“ N, 34° 54‘ 34.51“ O

Derbentbaşı
Auch hier gibt es jede Menge Spuren, die zum Teil, wie auch in Westanatolien, metertief unter dem üblichen Geländeniveau zu finden sind. Ein Großteil der Spuren ist wie auch die Tuffablagerungen sehr stark erodiert, es sieht aus wie ein großes Trümmerfeld.

Koordinaten:
38° 25‘ 16“ N, 34° 54‘ 57“ O

Derinkuyu
Derinkuyu ist für seine unterirdische Stadt weltweit bekannt. So gut wie unbekannt sind allerdings die vielen Cart-Ruts, die sich östlich vom Ort auf etwas höher gelegenen Tuffablagerungen in Richtung Süden immer wieder finden. Auf Google Earth sind sie problemlos zu finden.
Im August 2019 haben wir eine Stelle davon erkundet.

Koordinaten:
38° 20‘ 30.11“ N, 34° 47‘ 46.58“ O

USA

Arizona
http://www.gettyimages.de/detail/foto/cart-ruts-in-arizona-lizenzfreies-bild/536270949

Koordinaten:
35° 12‘ 9.90“ N, 114° 3‘ 19.87“ W

Kalifornien
Bishop, California Tracks

Koordinaten eines Wegpunktes:
37° 29‘ 46.54“ N, 118° 36‘ 35.81“ W
http://www.megaliths.org/browse/region/1/view/749
https://windyscotty.wordpress.com/2010/03/28/old-wagon-roads-of-sherwin-grade-2/

Missouri
Tryst Falls Park in Excelsior Springs, Missouri (near Kearney)
https://www.youtube.com/watch?v=zSTdspRr4rk

Koordinaten:
39° 22‘ 22.13“ N, 94° 16‘ 26.86“ W

New Mexico
Wood Haul Wagon Road
Leider habe ich auf Google Earth noch keine konkreten Spuren entdeckt, sie befinden sich aber in der Umgebung von Siver City auf einem Wander-/Mountainbikeweg.
http://www.megaliths.org/browse/region/1/view/750

Oregon
Diese Spuren werden als Wagenspuren der Siedler interpretiert, die über den Oregon-Trail in Richtung Westen gezogen sind.
Betrachten wir aber die vielen Bilder, die im Netz zu finden sind, erinnern diese Spuren vielmehr an die Cart-Ruts, die wir bereits von vielen anderen Arealen weltweit kennen.
Es fehlen wieder die Trittspuren der Zugtiere, die meines Erachtens nach um 1840 bestimmt schon mit eisernen Hufeisen unterwegs waren. Wenn ich diese Bilder mit den Felsenklippen sehe, dann denke ich, dass ich dort als Fuhrmann eher einen Bogen darum gemacht hätte. (Meine Vermutung ist richtig, genagelte Hufeisen haben wohl die Kelten schon verwendet)
https://www.tripadvisor.de/Attraction_Review-g60479-d3333221-Reviews-Oregon_Trail_Ruts_Register_Cliff-Guernsey_Wyoming.html

Koordinaten:
42° 15‘ 21.37“ N, 104° 44‘ 53.83“ W

Texas
Round Rock, Chisholm Trail
https://history.eco/obnaruzhena-czivilizacziya-vremen-dinozavrov-v-tehase/#
http://www.megaliths.org/browse/region/1/view/748

Koordinaten:
30° 30‘ 47.76“ N, 97° 41‘ 18.61“ W

Bull Creek Tracks
http://www.megaliths.org/browse/region/1/view/803
https://www.youtube.com/watch?v=8ZVigtZpgiI
https://www.youtube.com/watch?v=LLPb2Qamvbs&feature=youtu.be

Koordinaten: 30° 22‘ 4.45“ N, 97° 47‘ 7.11“ W

Zypern

Auch zu dieser Insel gibt es Hinweise von Uwe Topper zu Cart-Ruts auf Zypern! Nähere Einzelheiten oder gar konkrete Ortsangaben sind mir nicht bekannt.
http://www.ilya.it/chrono/dtpages/gleisedt.neu.html

Kapitel 18

Danksagung

Nie hätte ich daran gedacht, dass es mir einmal ermöglicht würde, meine Exkursionen und gesammelten Daten in Buchform präsentieren zu können. Und noch dazu in einem großformatigen Buch mit der Möglichkeit, viele Bilder zeigen zu können.

Dafür möchte ich mich ganz herzlich bei Mag. Wolfgang Dvorak-Stocker bedanken, der diese Thematik für interessant befand und grünes Licht für dieses Projekt gab!

Voraussetzung dafür war die Schaffung meiner Webseite www.cartruts.de. An dieser Stelle möchte ich mich bei Jörg Aderhold von web'n'more in Erfurt bedanken, der mich tatkräftig und unkompliziert unterstützt hat.

Besonderer Dank gilt auch meiner Tochter Lia Becher, die sich die Mühe machte, das Manuskript auf erste Ungereimtheiten und Fehler zu durchforsten, und Frau Mag. Heike Pekarz für den anschließenden Feinschliff.

Und was die Areale mit Cart-Ruts betrifft, so habe ich im Netz viele und wichtige Informationen von Alexander Koltypin, Andrew Kuznetsov und Uwe Topper gefunden, ohne denen mir wichtige und spektakuläre Fundorte verborgen geblieben wären. Ihnen habe ich viel zu verdanken!

Mein Dank gilt auch Lia Becher und Denis Benetas für ihre wohltuende Reisebegleitung!

Für weitere Unterstützung bedanke ich mich bei Cosima Becher, André und Yvonne Büschel, Manfred Ifland, Joseph Kotylla, Jürgen Störzel, Monika Trinkler, Hans-Dieter Gau und Thomas Horn.

Nicht zu vergessen Swen Kötz für seine analoge Hilfe bei digitalen Problemen und das Reisebüro Herz-Reisen in Erfurt für seine hervorragende Reiseorganisation.

Ihnen allen gebührt mein Dank!

Kapitel 19
Quellen

Uwe Topper: Die unerklärten Felsengleise der Alten Welt. Eine Anregung zu weiterer Forschung, Berlin 2008
http://www.ilya.it/chrono/pages/gleisedt.htm

Philipp Ballif: Römische Strassen in Bosnien und der Hercigovina, Wien 1893

David H. Trump: Cart-Ruts and their impact on the Maltese landscape, Heritage Books, Malta 2008

Erich von Däniken: Der Mittelmeerraum und seine mysteriöse Vorzeit. Kopp Verlag, Rottenburg 2012

http://www.stefan-ramseier.ch/roemisch/gastautor/brunner/haupttext.htm
(momentan sieht es so aus, als wäre diese Seite nicht mehr erreichbar)
Der Artikel ist auch im Bündner Monatsblatt 4, 1999 (S. 243–263) erschienen, von Georg O. Brunner

The Significance Of Cart-Ruts In Ancient Landscapes. Malta, 2005

http://earthbeforeflood.com/ und persöhnlicher Briefverkehr mit Alexander Koltypin

https://history.eco/obnaruzhena-czivilizacziya-vremen-dinozavrov-v-tehase/#

http://lah.ru
(Alternative History Laboratory Research Center) und persöhnlicher Briefverkehr mit Andrew Kuznetsov

Fernsehdokumentation „Wie das Land, so der Mensch" von Raphaël Hitier, System TV, ARTE France 2014

DVD Dokumentation „Das Geheimnis der Pyramiden" von Patrice Pooyard. Ekwanim Productions, Hot Dog Films, 2009

Christiane Dittmann: Geheimnis Malta. Auf der Suche nach der versunkenen Zeit. Kerschensteiner Verlag, Lappersdorf 2001
Johannes Horn: Das Rätsel von Malta. Die Cart-Ruts geben ihr Geheimnis preis. Ancient Mail Verlag, Groß-Gerau, 2007

Werner Lips: Reise Know-How. Malta, Gozo, Comino. Verlag Peter Rump GmbH, Bielefeld 2012

John Samut Tagliaferro: Malta, Archäologie und Geschichte. Miller Distributors Limited Luqa Malta, Centro Stampa Editoriale Plurigraf

Miroslav Zikmund, Jiri Hanzelka: Balkan und Kleinasien, Verlag Volk und Welt, Berlin 1962

Wolfgang Dorn: Zentralanatolien. DuMont, Köln 1997

Persönlicher Briefwechsel mit Archäologen des DAI (Deutsches Archäologisches Institut)

Dietrich Berndt: Midasstadt in Phrygien. Verlag Philipp von Zabern, Mainz am Rhein 2002

Anita Gillett: Süd Türkei, Antalya und die ganze Umgebung. Keskin Color, Antalya 2006

John Anthony West: Die Schlange am Firmament. Verlag Zweitausendeins, Frankfurt am Main 2000

Robert M. Schoch: Die vergessene Zivilisation Ancient Mail Verlag, Groß-Gerau 2014

http://historiasdelbajoaragon.blogspot.de/2012/05/antiguos-caminos-carreteros-y-rodadas.html

Anne Belaud-de Saulce: Die Alignements von Carnac. Editions du Patrimoine, Paris 2012

Kapitel 19

Quellen

Baedeker Reiseführer Sizilien, Karl Baedeker Verlag, Ostfildern 2013

Webseiten von Monika Trinkler: www.malta-cartruts.ch und www.karrenspuren.ch

https://www.giza-vermaechtnis.ch/perser-schacht-in-saqqara/

https://pyramiden-jelitto.de/pup-bautechnik.html

http://www.gernot-geise.de/aegypten/dateien/txtsteinbearbeitung.html

https://www.efodon.de/html/archiv/pyramiden/geise/2008-SY8510%20glg-steinbearbeitung.pdf

https://www.spektrum.de/lexikon/geowissenschaften/lumineszenzdatierung/9817

https://www.indiana-stones.de/

Meine Webseite zum Thema Cart-Ruts: www.cartruts.de

Aus unserem Programm

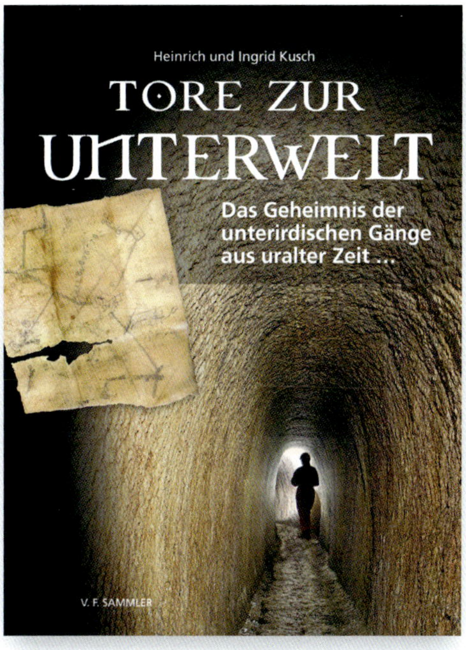

ISBN 978-3-85365-237-4

ISBN 978-3-85365-272-5

Aus unserem Programm

ISBN 978-3-85365-296-1

ISBN 978-3-85365-323-4